LÉON BLOY

CONSTANTINOPLE

ET

BYZANCE

AF309970

CONSTANTINOPLE

ET

BYZANCE

661
8° J
8295

DU MÊME AUTEUR :

LE RÉVÉLATEUR DU GLOBE, *Christophe Colomb et sa Béatification future*. Préface de J. Barbey d'Aurevilly (*épuisé*).

PROPOS D'UN ENTREPRENEUR DE DÉMOLITIONS (Stock).

LE PAL, pamphlet hebdomadaire (les 4 numéros parus) (*épuisé*).

LE DÉSESPÉRÉ, roman. (Mercure de France.)

CHRISTOPHE COLOMB DEVANT LES TAUREAUX (*épuisé*).

LA CHEVALIÈRE DE LA MORT, *Marie-Antoinette*. (Merc. de France.)

LE SALUT PAR LES JUIFS (Crès).

SUEUR DE SANG, 1870-1871 (Crès).

LÉON BLOY DEVANT LES COCHONS (*épuisé*).

HISTOIRES DÉSOBLIGEANTES (Crès).

LA FEMME PAUVRE, épisode contemporain. (Mercure de France.)

LE MENDIANT INGRAT, Journal de Léon Bloy. (Mercure de France.)

LE FILS DE LOUIS XVI, portrait de Louis XVII, en héliogravure. (Mercure de France.)

JE M'ACCUSE... Pages irrespectueuses pour Émile Zola et quelques autres. Curieux portrait de Léon Bloy. (Bibliothèque des Lettres françaises.)

EXÉGÈSE DES LIEUX COMMUNS. (Mercure de France.)

LES DERNIÈRES COLONNES DE L'ÉGLISE : *Coppée.* — *Le R. P. Judas.* — *Brunetière.* — *Huysmans.* — *Bourget, etc.* (Merc. de France.)

MON JOURNAL, Dix-sept mois en Danemark, suite du *Mendiant Ingrat*. (Mercure de France.)

QUATRE ANS DE CAPTIVITÉ A COCHONS-SUR-MARNE, suite du *Mendiant Ingrat* et de *Mon Journal*. Deux portraits de l'auteur. (Mercure de France.)

BELLUAIRES ET PORCHERS. Autre portrait (Stock).

LA RÉSURRECTION DE VILLIERS DE L'ISLE-ADAM (*épuisé*).

PAGES CHOISIES : 1884-1905. Encore un portrait. (Merc. de France.)

CELLE QUI PLEURE, Notre-Dame de la Salette, avec gravure. (Mercure de France.)

L'INVENDABLE, suite du *Mendiant ingrat*, de *Mon Journal* et de *Quatre ans de captivité à Cochons-sur-Marne*. Deux gravures. (Mercure de France.)

LE SANG DU PAUVRE. (Mercure de France.)

LE VIEUX DE LA MONTAGNE, suite du *Mendiant Ingrat*, de *Mon Journal*, de *Quatre ans de captivité à Cochons-sur-Marne* et de l'*Invendable*. Deux gravures. (Mercure de France.)

VIE DE MÉLANIE, *Bergère de la Salette*, écrite par elle-même. Introduction par L. Bloy. Portrait de Mélanie. (Merc. de France.)

L'AME DE NAPOLÉON. (Mercure de France.)

EXÉGÈSE DES LIEUX COMMUNS, Nouvelle série. (Mercure de France.)

SUR LA TOMBE DE HUYSMANS (Laquerrière).

LE PÈLERIN DE L'ABSOLU, suite du *Mendiant Ingrat*, de *Mon Journal*, de *Quatre ans de captivité à Cochons-sur-Marne*, de l'*Invendable* et du *Vieux de la Montagne*. (Merc. de France.)

JEANNE D'ARC ET L'ALLEMAGNE (Crès).

AU SEUIL DE L'APOCALYPSE, suite du *Pèlerin de l'Absolu*. (Mercure de France.)

MÉDITATIONS D'UN SOLITAIRE EN 1916. (Mercure de France.)

LÉON BLOY

CONSTANTINOPLE

ET

BYZANCE

EDITIONS GEORGES CRÈS & Cie

116, BOULEVARD SAINT-GERMAIN, PARIS

7, RAMISTRASSE, ZURICH

MCMXVII

IL A ÉTÉ TIRÉ DE CET OUVRAGE :

25 exemplaires vélin de Rives (dont 5 hors commerce)
numérotés de 1 à 20 et de 21 à 25.

Copyright by G. Crès et Cⁱᵉ, 1917
Tous droits de traduction, de reproduction et d'adaptation
réservés pour tous pays.

A VINCENT D'INDY

C'est saint Christophe qui me donne l'audace de vous dédier ce livre. On m'assure que vous aimez d'une affection particulière l'admirable Géant Martyr. Un si merveilleux attrait n'est-il pas un lien entre vous et moi ?

Autrefois, quand j'étais un mendiant et qu'il me fallait quitter mon travail pour aller au-devant des humiliations, je regardais avec confiance une image du Porte-Christ, me souvenant du vieil adage : Christophorum videas, postea tutus eas, et j'étais fortifié pour souffrir.

Aujourd'hui, devenu vieux et demeuré pauvre, je consulte encore et toujours saint Christophe avant d'aller au-devant du Christ lui-même, en passant la Mer Ténébreuse où j'espère vous avoir pour compagnon.

Byzance ne nous détournera pas de notre chemin, puisqu'elle est la Porte de cet Orient lumineux où le glaive de feu « versatile » du Chérubin révèle aux seuls artistes chrétiens le secret du Paradis perdu.

Léon BLOY.

CONSTANTINOPLE ET BYZANCE

La domination des Turcs à Constantinople accomplira-t-elle son cinquième siècle ? Quelque décrépite qu'elle fût, il y a cent ans, la vieille Byzance paraissait encore à Napoléon « l'Empire du monde ». Maintenant on croirait qu'elle agonise. L'Asie lui échappe et les derniers lambeaux de son territoire européen sont un vaste cimetière autour de ses murs, comme au temps des derniers Paléologues.

La France, la Russie, l'Angleterre la pressent terriblement et la succession des Sultans et des Basileis est déjà presque en litige. Le vieux rêve moscovite de la conquête de Constantinople qui révoltait Napoléon ne sera certainement pas réalisé de bon cœur par le reste de l'Europe en armes et il est aisé de prévoir, sur cet objet, de formidables conflits, aussitôt après la ruine du colosse germanique.

Il serait à désirer, pour la paix du monde, qu'un tremblement de terre prodigieux éteignît à jamais ce tison de la concupiscence de tous les peuples et qu'une Propontide immense remplaçât décidément cette péninsule de malheur !

La paix du monde ! Est-elle espérable même à un tel prix ? Je n'en sais rien et je ne le crois pas. Le bouillonnement est trop universel et l'heure semble trop venue où l'Esprit-Saint a promis de renouveler la face de la terre. Toute conjecture est impossible désormais. Aucun secours à espérer des lieux communs ordinaires.

L'histoire d'une multitude de siècles est devant nous comme une pauvresse qui va mourir d'inanition sans avoir pu se faire comprendre. Le Symbolisme qui était sa langue depuis toujours, va disparaître avec elle, sans qu'aucune intelligence humaine ait obtenu de le déchiffrer.

Tout ce qu'il est possible de deviner ou de croire, c'est que l'histoire universelle — si vainement lue par Bossuet ! — est une préfiguration mystérieuse et prophétique du Drame de Dieu, analogue certainement à l'ensemble des images préfiguratrices qui constituent la Révélation biblique, impénétrable jusqu'à la grand'-Messe du Calvaire ; mais avec cette différence que la prophétie juive concernait la Rédemption et que la prophétie universelle de l'histoire concerne l'*accomplissement* de la Rédemption par l'avènement triomphal de l'Esprit-Saint.

La difficulté est la même et, sans doute, plus invincible, une loi divine s'opposant à l'intelligence *préalable* de tout avertissement naturel ou surnaturel. Il suffit d'aimer pour croire, mais il est indispensable d'avoir vu pour comprendre, et par là se trouve justifiée l'apparente incrédulité de saint Thomas si étrangement surnommé le Double Abîme.

Nous voici donc, aujourd'hui, au bord du gouffre, privés de foi et totalement dénués de la faculté de voir, également incapables d'aimer et de comprendre. Tout ce qu'on peut savoir du passé, depuis six mille ans, est pourtant sous nos yeux : les Patriarchats, les Royautés, les Empires, les migrations des peuples, les guerres, les exterminations, les aventures infinies de la Douleur — pour ne rien dire des vides énormes, des landes incommensurables de la Tradition procurés par les cataclysmes ; mais nous n'en sommes pas plus avancés. N'ayant jamais observé que l'extérieur et le transitoire, nous ne comprenons absolument rien à des Gestes nouveaux et de surhumaine apparence qui n'ont d'analogue dans aucun passé et qui, déjà, semblent appartenir à quelque indiscernable Futur.

Si le plus prochain avenir du monde entier se dérobe présentement à toutes les hypothèses, à tous les calculs de l'expérience, que pronostiquer de Constantinople? Pourrait-on citer un valable mot sur la fameuse question d'Orient, depuis si longtemps qu'on en parle dans les livres ou les assemblées? Une force mystérieuse, irrésistible, tourne le cœur de l'homme vers l'Orient qui fut son berceau. On a vu cela dans tous les siècles. La mort lui semble située au couchant et cet instinct préexistait aux Croisades. Aucune politique occidentale n'y changera rien. Les peuples continueront de hennir de plus en plus fort du côté de la Lumière et le temps n'est peut-être plus bien loin où les plateaux de la vaste Asie verront accourir des multitudes épouvantées...

Constantinople aura sans doute alors cessé d'exister et la somptueuse Byzance de Théodose et de Justinien qui fut l'éblouissement de la terre ne sera plus qu'un souvenir pour quelques rêveurs.

Avant qu'elle disparaisse à jamais, de manière ou d'autre, j'ai cru qu'il pouvait être utile de donner mon témoignage en montrant, une dernière fois, cette ville fameuse telle que je l'ai vue au dixième siècle, lorsqu'elle était encore la rayonnante et toute-puissante capitale de vingt nations prosternées. J'offre donc à ceux de mes contemporains qui lisent encore une réimpression définitive de *L'Épopée Byzantine et Gustave Schlumberger*, publiée en 1906 par la *Nouvelle Revue*, étude peu connue et probablement oubliée.

Les spectateurs de l'histoire contemporaine apprendront sans doute avec joie le traitement infligé aux Bulgares de cette époque lointaine par le redoutable Basile surnommé *Tueur de Bulgares*, qui avait décrété l'extermination de ces brigands héréditaires et qui eut le bonheur d'y parvenir après vingt-cinq ans d'une guerre atroce, mais sans pouvoir malheureusement extirper leur souche.

Dieu fasse que ce desideratum de l'empereur millénaire s'accomplisse enfin ! On ne conçoit pas, d'ailleurs, la Bulgarie sans Constantinople. Leurs destins furent parallèles tout le long du Moyen Age et lorsque Byzance fut piétinée par les Ottomans, il fallut que la Bulgarie eût presque aussitôt le même sort.

Le monde aujourd'hui est convié à un spectacle identique. Les deux périront ensemble vraisemblablement et il n'y aura plus d'obstacles sur la grande voie d'Asie qui mène à la vallée de Josaphat.

LÉON BLOY.

Bourg-la-Reine, mars 1917.

L'ÉPOPÉE BYZANTINE

ET

GUSTAVE SCHLUMBERGER

Je voudrais qu'on me montrât une histoire aussi décourageante que celle de Byzance. Il y en a certainement d'aussi obscures, celle du dix-neuvième siècle, par
exemple. Mais où en trouver une qui bou-
leverse autant l'imagination et le cœur et
qu'il faille autant chercher dans les ténèbres? Voilà vingt ans que je croupis sur
des livres où il est parlé du Bas-Empire.
Ai-je fait un pas vers la gloire éternelle?
C'est fort incertain. Tout est là, pourtant,
ô mes religieux contemporains...

Si, du moins, j'avais obtenu de retrouver le squelette poussiéreux du Tueur de
Bulgares, comme il advint à ces soldats
de Michel Paléologue, deux cent trente-

cinq ans après la mort du Basileus redoutable! Ils la découvrirent debout, au milieu des ruines, cette ruine d'un empereur
qui avait fait trembler cent millions d'hommes, une flûte de Mélibée entre les dents.
Voilà de quoi nourrir la méditation. Mais,
aujourd'hui, il n'y a plus même de ruines.
L'information historique sur l'un des plus
grands exterminateurs qu'il y ait eu et
dont le règne fut des plus longs, ne rem-
plirait pas une colonne de journal. La
gloire de l'éblouissant potentat ne défraie-
rait pas une chronique! Encore celui-là
n'est-il que le troisième de la trilogie des
invincibles qui, de 960 à 1025, furent
soixante ans, les effrayants porteurs de ce
« glaive de la Colombe » dont il est parlé
dans Jérémie.

Il fallait le nommer tout d'abord, ce
Basile II surnommé *Bulgaroctone* ou
Tueur de Bougres, parce que c'est celui
des trois qui tient le plus de place et qui
creusa la rivière de sang la plus profonde.
C'est, en même temps, celui des grands

hommes dont il fut le moins écrit, comme s'il y avait en lui un secret, comme s'il était le gardien formidable d'une des clefs de la symbolique Histoire au moyen desquelles doit s'ouvrir, un jour, le Paradis récupéré.

Il y eut avant lui, immédiatement avant lui, Nicéphore Phocas et Jean Tzimicès qui furent, eux aussi, des victorieux extraordinaires et je ne vois chez aucun peuple une comparable suite. C'est ce que Gustave Schlumberger nomme exactement *l'Épopée Byzantine*. Aussitôt après leur successeur Basile, on tombe dans un gouffre. L'histoire de Byzance devient une horreur. Vainement, un demi-siècle plus tard, Alexis Comnène essaya de ressaisir le glaive de la Colombe qui s'était envolée dans le fond des cieux. C'était la fin, il n'y eut plus rien de grand que l'agonie interminable d'un monde. La quatrième croisade fut le premier coup de hache sur la nuque de Constantinople, « Ville gardée de Dieu » depuis neuf cents

ans, qui avait la vie très dure et qui mit
encore plus de deux siècles à mourir.

Gustave Schlumberger vient de publier
le quatrième et dernier volume de cette
série macédonienne, le plus brillant et le
plus tragique endroit de l'histoire du Bas-
Empire, du 9 novembre 959, jour de la
mort de Constantin Porphyrogénète, au
1ᵉʳ septembre 1057, date climatérique de
l'élévation du premier Comnène. Cent ans
d'un drame effroyablement prodigieux !
Comment cet homme, ce sigillographe, ce
collectionneur furieux de morceaux de
plomb, a-t-il osé entreprendre une telle
besogne et comment a-t-il pu l'accomplir
en vingt ans sous les reculantes étoiles ?
Ce n'est pas moi qui vous le dirai. J'aurais
pris la fuite dès la première heure. J'en
parle aujourd'hui parce que c'est extraordinaire et confondant, parce que les bré-
haignes académies et les instituts fâcheux
cessent d'exister quand il est question de
si grandes choses. Dieu veuille donner à
plusieurs une telle constance de dilection !

C'est atterrant de songer à ce qu'il est nécessaire d'apprendre pour se mettre en état de déclarer avec compétence qu'on ne sait rien ou presque rien des événements qu'on a entrepris de raconter ! Il y a au cimetière du Grand-Montrouge un monument d'un ridicule tout à fait para-doxal, une espèce de mausolée drôlatique, surmonté d'un buste infiniment quelconque, au-dessous duquel on lit avec stupeur les noms de quarante langues ou patois, suivis de ces mots : *il les savait toutes !* Ridicule à part, l'œuvre de Schlumberger proclame un non moindre panglottisme Sans parler des langues prétendues mortes sans lesquelles on ne peut vivre, ni de plusieurs autres certifiées vivantes où se mobilise l'imbécillité contemporaine, il lui a fallu assimiler des idiomes aussi hargneux que le russe ou l'arménien, sans préjudice du grognement saxon qui mit en fuite, il y a trois cent quatre-vingts ans, l'Ange confortateur de Jésus en agonie.

Que dire, après cela, de l'érudition archéologique, numismatique, sigillographique, ethnographique et même hagiographique supposée par les cent trente mille lignes de documentation méticuleuse qui forment les quatre volumes de *l'Épopée Byzantine*? Il y a quatre volumes, en effet malgré la trilogie, l'auteur n'ayant pas prévu, quand il racontait Nicéphore Phocas, il y a vingt ans, que son sujet l'entraînerait tout le long du grand siècle byzantin. Les temps héroïques finissent, d'ailleurs, à la mort de Basile II et les trente années qui suivent sont le récit monstrueusement tragique du plus irréparable naufrage qu'on ait vu depuis le cinquième siècle.

Les Croisades, si proches, n'eussent pas été possibles sans l'énorme diminution de Byzance. Jamais l'épée de Godefroi, si forte qu'elle fût, n'aurait pu percer l'immense empire du Tueur de Bulgares, depuis le Danube et l'Adriatique jusqu'à l'Euphrate et la Caspienne, la moitié du monde romain sous Théodose. Après le schisme du patriarche diabolique, il n'y avait plus assez d'air en Orient pour que les Grecs et Latins y pussent respirer ensemble. Quand l'occasion leur parut bonne, ces derniers escaladèrent les murs de la ville qui se disait gardée de Dieu et s'y accroupirent comme des barbares.

I

NICÉPHORE PHOCAS

Le duel entre Nicéphore Phocas, empereur byzantin et le magnifique chef Hamdanide Seïf Eddaulèh, prince d'Alep, est une des plus héroïques péripéties du dixième siècle. C'est aussi l'une des moins connues. Et la conquête de la Crète par Nicéphore, avant qu'il fût empereur, qui s'en souvient ?

Et l'énorme tragédie du massacre, de la boucherie de ce dur *Kosmocrator*, haché vif par ses lieutenants exaspérés, qui pourrait en dire un seul mot ? « Dans la nuit noire, sur une table noire, une fourmi noire... », dit un proverbe oriental. C'est la Byzance du dixième siècle. Il semble que Dieu seul puisse l'entendre et la voir. L'enseignement historique sur ce point, présenté par des professeurs tels que Lebeau, que nul ne lit depuis cent ans, ressemble à l'oraison funèbre du Bavardage universitaire. Il a fallu la constance d'Apache de Schlumberger et sa sagacité de vieux Mohican couché sur la piste pour tirer quelque chose de ces ténèbres. Et voici que l'archi-centenaire mosaïque déterrée, lavée avec ferveur, sortie de sa gangue de siècles, se remet à resplendir*.

Les Croisades ont tout démonétisé, voilà qui est entendu. Lorsque Nicéphore Phocas, inaugurant la longue épopée de Byzance, fut proclamé *basileus* à Césarée de Cappadoce par l'enthousiasme de ses soldats, il s'en fallait de cent trente-quatre ans que Godefroi de Bouillon, gravement

---

* « La fin du dixième siècle et le premier quart du onzième sont bien la période la plus obscure du moyen âge byzantin... Chose inouïe, personne ne s'était encore occupé d'écrire l'histoire d'ensemble de cette vaste période depuis les quelques chapitres de Lebeau !... J'ai dû la restituer à peu près de toutes* pièces. Rien d'approchant n'existait. » (*Épopée Byzantine.* Introduction.)

malade et porté dans une litière, à la suite
de son armée, traversât — dans le voisinage — les rudes campagnes de la Cilicie,
en chemin pour la Palestine.

A cette époque déjà, l'œuvre des trois
grands basiléis était détruite et leur vaste
empire aux trois quarts perdu. Le prince
français allait devenir le premier de cette
lamentable série des pauvres rois de Jérusalem dont le territoire n'égalait pas une
petite province et qui ne durèrent pas
cent ans. Les Chefs de croisade qui vinrent après lui devaient être encore moins
récompensés. Aucun d'eux ne put rien
faire de durable, quelques-uns même ne
purent arriver au Saint-Sépulcre, et le
plus grand de tous, saint Louis, s'écrasa
comme les autres, contre le poitrail musulman. Cependant ils effacèrent les célèbres
empereurs byzantins et parvinrent, quelque temps, à les supplanter. Ils parurent
incomparablement plus éblouissants, parce
qu'ils étaient *pauvres* pour la plupart,
parce qu'ils eurent vraiment faim et soif

du Tombeau de Jésus-Christ, parce qu'ils ne furent pas seulement des héros terribles, mais des héros *pathétiques*, ce qui ne s'était jamais vu. Personne ne parla plus et ne devait plus parler, semblait-il, de ces autocrates périmés que des rómanciers, tels que Walter Scott, ont idiotifiés dans leurs successeurs.

Vous rappelez-vous ce *Comte Robert de Paris*, compagnon des Baudouin, des Tancrède et des Bohémond, lequel s'assied audacieusement sur le trône de l'empereur Alexis et qui a, bientôt après, de si dangereuses aventures ? L'intention de ce roman est surtout de peindre Byzance et la famille impériale, avec la même exactitude et la même conscience, hélas ! que Louis XI et son entourage ont été peints dans *Quentin Durward*. On lit cela à seize ou dix-huit ans et on reste sur l'impression d'une cour byzantine machinée comme une scène de boulevard, avec des courtisans ou des fonctionnaires automates, prosternés devant un empereur gâteux dont la puissance est un décor que les chevaliers d'Occident peuvent enfoncer d'un seul coup de leur poing ganté de fer. C'est l'ambition des byzantinistes contemporains de restituer autant qu'il se peut, la Cité merveilleuse et le merveilleux Empire.

La conquête de l'île de Crète fut, pour Nicéphore, quelque chose comme celle de l'Égypte pour Bonaparte. Aussitôt on sentit en lui le maître du monde. Il est malaisé, aujourd'hui, de concevoir l'importance et la difficulté de ce grand fait militaire. La voluptueuse Italie méridionale, les doux thèmes de Calabre et de Longobardie, le Péloponèse et la Thessalie des dieux, l'Archipel aux îles parfumées, jusqu'aux provinces les plus rapprochées du cœur, Macédoine et Thrace, étaient devenus, par la volonté des noirs démons Agarènes, des prolongements ou des dépendances de l'enfer.

« Crète, l'île antique aux cent villes, à laquelle sa position, à mi-chemin de l'Europe chrétienne et de l'Afrique musulmane, donnait une importance si grande; Crète définitivement perdue pour l'Empire en même temps que la Sicile et la Dalmatie, sous le règne de l'odieuse brute qui s'appela Michel II, était devenu le plus horrible fléau des Grecs. Durant plus de cent trente ans, les Arabes et leurs émirs pillards s'y maintinrent, au désespoir de toutesles populations des îles de l'Archipel et des côtes grecques et asiatiques, incessamment ravagées par eux. Chandax — la Candie moderne — ne fut plus que l'immense capitale des pirates sarrasins de toute la Méditerranée, une gigantesque caverne de voleurs où affluèrent tous les trésors d'Orient, le marché d'esclaves chrétiens où vinrent se ravitailler tous les pourvoyeurs de harems du monde musulman. Continuellement renforcés par des aventuriers accourus de toutes les villes de l'Islam, les Arabes de Crète, dans cette place imprenable, sentinelle avancée à laquelle les terres sarrasines formaient au midi comme une ceinture protectrice, furent sans grands dangers personnels, les plus terribles ennemis de l'Empire. Chaque printemps, comme une monstrueuse machine de guerre, Crète vomissait ses flottes, aux innombrables et légers bâtiments à voiles noires d'une merveilleuse vitesse, qui s'en allaient partout, brûlant les cités, razziant les populations terrifiées, disparaissant avec les dépouilles et le peuple de toute une ville, avant que les troupes impériales, toujours surmenées, eussent pu accourir.

« Il faut lire, dans les chroniqueurs des neuvième et dixième siècles, l'affreux récit de ces aventures, qui se reproduisaient sans cesse dans leur épouvantable monotonie. Quelques heures suffisaient souvent à ces admirables corsaires, d'une agilité, d'une audace, d'une précision incomparable, pour transformer une cité byzantine florissante en une solitude fumante. En vain des détachements de la flotte impériale parcouraient constamment l'Archipel, la Dodécanèse ou Région des douze îles, ainsi que l'appelaient les Byzantins ; toujours ils arrivaient trop tard et ne pouvaient que constater un nouvel et irrémédiable désastre. La ville était déserte et brûlée ; l'ennemi avait disparu ; la mer était vide de voiles ; mais, quelques jours après, les bazars de

Chandax se remplissaient d'un immense butin, son port ne parvenait pas à contenir les felouques sarrasines, les barques africaines encombrées de marchands d'hommes de Syrie et d'Égypte, et sur la grande place, en dehors des murailles, d'interminables rangées de captifs, jeunes gens, jeunes filles, enfants de tout âge, car tout ce qui était vieux et inutile avait été préalablement tué, attendaient nus, hébétés par le désespoir et les horribles souffrances d'un long entassement sur des navires immondes, que leurs nouveaux maîtres eussent achevé de se les partager pour les emmener de là, liés, jusqu'aux bornes des terres musulmanes, aux rives de Bassorah comme aux cataractes du Nil, dans les brûlantes solitudes du Hedjaz comme sur les lointaines côtes andalouses... »

Il y n'a pas dans toute l'histoire un épisode plus bouleversant que la prise et le sac de Thessalonique, en 904, par le renégat Léon le Tripolitain qui a laissé sur l'onyx du moyen âge, « pierre d'ombre et d'insomnie », *lapidem caliginis et*

umbram mortis, une rainure d'horreur
que mille ans n'ont pas effacée. En quelques heures, la cité fameuse, éternisée par
saint Paul, la première ville de l'Empire
après Constantinople, devint un charnier
brûlant. Le Tripolitain emmenait *vingt-
deux mille* jeunes gens des deux sexes
voués à la plus effroyable servitude — traitement réservé, je veux l'espérer, à la foule
de nos délicieuses chrétiennes que le
Bazar de la Charité n'a pas suffisamment
éclairées. Cette belle canaille de Tripolitain a du ragoût apocalyptique. La narra-
tion de Jean Caméniate est d'une précision
torturante. Ce jeune prêtre, devenu captif avec quelques-uns des siens et miracu-
leusement préservé, a décrit cet égorge-
ment comme, cinq siècles plus tard, Ni-
cétas devait bramer l'énorme tuerie de
Constantinople, mais avec une naïveté
que ne connut pas le rhéteur du temps de
Murzuphle et de Baudouin.

Cela ne pouvait pas être supporté.
L'Empire était au désespoir. Tout de

même, il fallut attendre encore cinquante-six ans ! L'éternité seule fera connaître ce qui fut demandé aux créatures de Dieu.

Plusieurs grandes expéditions avaient échoué misérablement. Crète était la pupille de l'œil musulman, la moindre menace faisait accourir aussitôt de tous les rivages africains des défenseurs innombrables. Il fallait autant de génie que d'audace pour entreprendre et un bonheur exceptionnel pour réussir. Nicéphore déjà connu par des succès importants sur la frontière sarrasine de l'Asie Mineure réalisait, à son époque, le type du parfait homme de guerre. Nommé par Constantin VII, *magister*, une des plus hautes dignités de l'Empire, dignité « splendidissime », et grand domestique des scholes d'Orient, c'est-à-dire généralissime des forces de l'Empire en Asie, il ne lui manquait plus que la couronne. Après son admirable victoire, suivie du triomphe à Constantinople, tout le monde la vit sur sa tête. Ce fut bien autre chose après la foudroyante campagne de Cilicie et la prise de la capitale célèbre des Hamdanides, la richissime et jusqu'alors inabordable ville d'Alep. C'était, à l'échéance de trois siècles et demi, le recommencement de la domination romaine en Syrie.

« Il s'agissait pour Nicéphore, le grand capitaine et le fervent dévot byzantin, de refaire de toutes pièces, aux dépens de l'Islam, ce vieil empire des Romains, dont tout bon fils de Constantinople pleurait chaque jour la déchéance. Ce qu'il avait fait pour Crète, il voulait aujourd'hui l'accomplir pour ces riches provinces de Cilicie, de Syrie, de Mésopotamie, depuis si longtemps tombées aux mains des sectateurs de Mahomet. Cet homme d'un patriotisme fier, actif, persévérant, songeait constamment au relèvement de l'ancienne puissance romaine. »

L'adorable beauté de la Providence exigea que ce soldat terrible rencontrât, pour le surmonter, l'obstacle vivant d'un

des plus beaux guerriers de l'Islam. Seïf
Eddaulèh, le vaincu de Nicéphore, n'en
pouvait plus de prospérité, de chevalerie,
de magnificence. Son histoire est comme
un rêve et sa triste fin n'est presque pas
croyable.

« Pour celui qui fouille les chroniques
byzantines du milieu du dixième siècle, durant plus de vingt ans, de 945 à 967, un
nom unique revient à chaque page comme
celui du constant et infatigable, mais aussi du
plus redoutable ennemi de l'Empire grec.
C'est celui du Prince d'Alep, Seïf Eddaulèh,
le Hamdanide. Ce fut le type accompli de
l'émir sarrasin du moyen âge, cruel, fastueux,
passionnément épris du pouvoir, se procurant
par tous les moyens les sommes immenses
dont il avait continuellement besoin pour la
solde de ses mercenaires, mais hardi, de la
plus brillante, de la plus téméraire bravoure,
sans peur comme sans faiblesse, chevaleresque,
policé, capable des plus nobles et des plus gé-
néreuses actions, protecteur éclairé et pas-
sionné des lettres et des arts, également fait

pour habiter les palais des *Mille et une nuits*
ou la tente du Bédouin pillard. Un contemporain nous le dépeint beau entre tous les fils de
Hamdan, dont la beauté était célèbre : « la
perle du milieu du collier qu'ils formaient »,
éloquent, libéral. « Sa royale demeure était
« l'attrait des visiteurs, la halte favorite des
« voyageurs, l'espoir des nécessiteux, le
« champ clos des poètes et des littérateurs.
« Jamais, sauf à la porte des Khalifes, on ne
« vit réunis autour d'un même prince tant
« de maîtres ès poésie.» Sa cour brilla du plus
vif éclat tant qu'il vécut. Son beau palais su-
burbain d'Alep, El Halébah, où il aimait à se
reposer dans les rares et courtes périodes de
calme qui succédaient à ses incessantes prises
d'armes, était le rendez-vous universel des
lettrés, des artistes, brillants représentants de
cette civilisation arabe, alors encore si brillante. Ce libre fils du désert, cet émir intrépide qui se riait du danger, ce cavalier admirable et sans égal qui, suivi de ses fameux
gardes du corps, passait sa vie au galop de
son coursier, parcourant en un jour des dis-
tances énormes sur toutes les routes de l'Asie,
qui n'avait pas passé un jour sans monter les

merveilleux chevaux de ses haras, ce parfait homme de guerre sarrasin qui, depuis la première adolescence, avait, chaque année, conduit en pays chrétien ou contre ses propres coreligionnaires quelque foudroyante expédition, quelque razzia dévastatrice, ce souverain somptueux qui donnait audience aux ambassadeurs étrangers dans un décor d'une richesse étourdissante, fantastique, qui vivait au milieu d'un luxe de rêve, se plaisait à stimuler l'ardeur poétique des chantres de sa cour. Le soir, aux environs du harem superbe, dans les jardins embaumés, le long des eaux froides du fleuve Kouaïk, dans les cours dallées de marbre, au son argentin des jets d'eau répandant la fraîcheur, ou bien au désert, sous sa vaste et somptueuse tente de guerre « aux piliers hauts comme des mâts de navires », il aimait à écouter ses improvisateurs favoris, qui mettaient en vers ses victoires. Lui-même était un poète... Des milliers de poèmes ont été composés en son honneur. Lorsqu'il en était satisfait, il les payait de sommes énormes... Il avait fait frapper spécialement pour de semblables récompenses de larges pièces d'or du poids de dix dinars ordinaires.

« Le plus célèbre de tous les lettrés qui vécurent à la cour du prince d'Alep, fut le fameux Moténabbi. Cet homme, un des plus illustres parmi les si nombreux poètes de l'Islam,
ne quitta guère Seïf. Il vécut près de lui environ dix ans, de 948 à 957, comblé d'égards,
d'honneurs et de richesses... « Ses vers, dit
« son biographe arabe, pénétrèrent dans les
« cités les plus reculées de l'Arabie ; la nuit
« les répétait et le jour en conservait pieuse-
« ment le souvenir. »

« Rien n'est harmonieux, rien ne respire la
mâle poésie des luttes du désert et de la montagne syrienne comme les vers de Moténabbi
racontant les prouesses de son cher émir : « O
« Seïf ! tu as couvert toutes les collines des ca-
« davres de tes ennemis ainsi que l'on répand
« les pièces d'argent sur la tête d'une nouvelle
« épousée. — Conduits par Seïf en personne,
« les cavaliers alépitains ont fondu sur l'en-
« nemi au milieu d'un tourbillon de poussière
« et d'une forêt de lances. Leurs chevaux ont
« un aspect hagard ; la sueur desséchée forme
« une garniture brillante autour de leurs san-
« gles ; on dirait une ceinture d'argent qui
« entoure leurs flancs. Seïf a surpris les femmes

« de ses ennemis lorsqu'elles fuyaient dans
« leurs litières et le sang que les pieds de ses
« chevaux ont fait jaillir, a souillé la gorge
« des dames les plus nobles. Toutes ces soli-
« tudes, étonnées 'de se voir visitées par des
« humains, sont remplies de ces femmes fu-
« gitives, parées de bijoux d'or, portées par
« des chameaux du plus grand prix. — Tes
« chevaux, ô Seîf, ne savent manger l'orge
« qui leur sert de nourriture que si le sac qui
« la contient est appuyé sur un cadavre. »

« ...Que de détails curieux, pleins de vie !
Écoutez encore ce fier chant de triomphe pour
un chef arabe allié du Hamdanide : « Je suis
« le fils des combats et de la libéralité, le fils
« de l'épée et de la lance. Les déserts et les
« vers rimés, les selles de chameaux et les
« montagnes me tiennent lieu de père et
« d'aïeux. Je porte un long baudrier ; j'habite
« une tente soutenue par de longues pièces de
« bois ; longue aussi est ma lance et non
« moins long le fer dont elle est garnie. Mon
« épée devance le trépas qui poursuit les mor-
« tels ; on dirait qu'il y a un pari entre elle et
« la mort. »

Tout cela était trop beau pour des enfants du pouilleux prophète. Le bel émir, déjà vieux, tomba dans l'extrême humiliation, trahi par son lieutenant favori, abandonné même de son poète, sans soldats et sans territoire, infirme et voyant, la mort au cœur, les bandes grecques brûler ses villes, expirant enfin, à cinquante-deux ans, désespéré.

« On plaça, détail héroïque qui peint bien ces ardents seigneurs de la tente, sous la tête du cadavre couché dans sa litière, une brique faite de la poussière et de la sueur, qu'après chaque combat contre les chrétiens, avant le bain du soir, le strigile du masseur avait fait tomber de la peau de Seîf Eddaulêh. Lui-même avait soigneusement veillé à ce que cette bizarre moisson fût recueillie, sa vie durant. Il voulait dormir de l'éternel sommeil sur cet oreiller. »

Et ce fut fini de l'Islam poétique, le croissant de Mahomet ne devait plus baigner son reflet dans les limpides eaux des

parcs de volupté, où chantèrent si longtemps, durant les nuits parfumées, les
poètes et les rossignols. Les Croisades
pénitentielles et lamentatrices n'étaient
plus bien loin. Ne fallait-il pas que les
splendides infidèles de la Syrie du Nord
fussent remplacés par la canaille des
Égyptiens ou des Seldjoukides, que les
rudes guerriers d'Occident se préparaient
à combattre ?

Le seul grand prince qu'il y eût en Europe, à l'avènement de Nicéphore, était
Otton Ier, second empereur de la Maison
de Saxe, après l'Oiseleur. Sa grande victoire du Lechfeld, où on dit que les Hongrois perdirent 100.000 hommes, avait
sauvé l'Europe. Il venait de restaurer,
vaille que vaille, l'Empire d'Occident, en
se faisant couronner à Rome. A dater de
lui recommença cette sorte d'équilibre politique institué naguère par Charlemagne
et presque aussitôt perdu. Quedlimbourg
fit contrepoids à Constantinople.

Le reste du monde occidental est triste

et sombre. Certains papes ou antipapes de ce temps sont à faire sangloter la Pierre angulaire. En France la dynastie carolingienne est un malheureux grand arbre expirant. L'Archange Saint-Michel, protecteur de ce royaume, est réduit à faire signe à Hugues Capet. Les autres monarchies n'existent même pas encore pour l'espoir ou le désespoir des hommes. On a peine à se représenter une époque, où il n'y avait, à proprement parler, ni France, ni Espagne, ni Angleterre, ni Autriche, ni Russie, ni Prusse, ni même Allemagne, sinon à l'téat chaotique et embryonnaire.

Toutes ces puissances futures, insuffisamment bénies de Dieu ou non encore agrégées par les démons, vagissaient en multitude, les unes contre les autres, sans pouvoir s'agglomérer et s'identifier comme des personnes.

En réalité, il n'y avait que l'Empire grec qui eût des entrailles de nation et une tête : *Autocrator* des Romains, *Kos-*

mocrator, *Isapostole*, c'est-à-dire l'égal des apôtres, successeur du très pieux Constantin, représentant de la puissance divine sur la terre, etc. Le droit divin de régner, de massacrer et de faire la noce n'existait que là.

Le trône était si sacré qu'il suffisait d'y arriver, n'importe par quel chemin exécrable, pour devenir aussitôt intangible comme le sacrement de l'autel. Un révolté heureux, improvisé basileus, chose très peu rare, incarnait tout à coup, par cela seul, une espèce de viande à sacrilège et c'était le dernier effort de sa clémence de faire seulement crever les yeux à un autre révolté contre lui-même. Il faut voir dans notre vieux Lebeau, historien universitaire et traditionnel, qui sue, par tous les pores, le respect de l'autorité visible, avec quelle promptitude régulière les plus insignes canailles devenaient augustes.

Le préjugé de l'excessive caducité byzantine signalé plus haut est singulièrement démoli, ne fût-ce qu'au point de vue militaire, par la très curieuse dissertation de Schlumberger à propos d'un traité de tactique, sur les *Évolutions militaires* attribué à Nicéphore et qui eût intéressé Napoléon.

« J'ai pris plaisir », dit-il, « à lire ces vingt-cinq chapitres d'art militaire. C'est le programme complet de la guerre de frontière au dixième siècle. Tout ce que le *stratigos* byzantin le plus accompli devra faire à la tête de ses contingents pour tenir tête à l'invasion d'une force sarrasine, pour paralyser sa marche ou tirer de ses déprédations une vengeance éclatante, est minutieusement indiqué, comme dans un manuel à l'usage de nos officiers de l'École de guerre. Tous les cas sont rigoureusement prévus. Pour chaque mal le remède est indiqué. Quand j'ai eu achevé la lecture de ces pages écrites en un grec barbare, mais vibrantes d'une singulière ardeur patriotique, d'un profond amour des choses de la défense nationale, d'une véritable passion guerrière, j'ai cru voir passer devant mes yeux tous ces combats tant et depuis si longtemps oubliés, mais hardis, sauvages, incessamment entremêlés d'embûches, de surprises, de prodigieuses chevauchées et qui, durant cette lutte séculaire du Croissant et de la Croix, ont, par milliers de fois, ensanglanté les sombres halliers, les âpres défilés, les pentes vertes du vieux mont Taurus. J'ai cru entendre en rêve le galop pressé des juments sarrazines entraînant, dans la nuit, à travers les herbages profonds, leurs silencieux cavaliers, la lance et la rondache au poing, couchés sur l'arçon de la selle, dévorant l'espace pour fondre à l'aube naissante sur le village grec, endormi sans défense, retenant presque leur haleine pour échapper à l'incessante surveillance des trapézites, ces admirables éclaireurs byzantins. J'ai revu ces incomparables coureurs des armées grecques, véritables uhlans de l'An Mille, artistes accomplis en ce genre de guerre unique au monde, guerre de ruse contre ruse, d'ardente poursuite secrète, de stratagèmes sans cesse découverts, mais sans cesse renouvelés, de surprises foudroyantes, de combats corps à corps. Je les ai revus, la cuirasse ou la cotte de mailles cachée sous l'épais surcot, menant au galop avec une sûreté, une précision merveilleuse, cette même campagne d'observations audacieuses, de reconnaissances hardies dont les cavaliers allemands de la guerre de 1870 sont les plus redoutables représentants modernes.

« Oui, ce sont bien là les dignes prédécesseurs de ces uhlans qui sont demeurés chez nous comme la lugubre personnification de l'invasion, que ces infatigables trapézites byzantins, dont le rédacteur de la tactique de Nicéphore Phocas décrit minutieusement le dangereux service.

« Ce sont les mêmes immenses et rapides chevauchées à deux, en plein pays ennemi, à la poursuite d'une indication précieuse ; c'est le même mépris du danger, la même tranquille audace, la même résolution fixe, unique, de pouvoir, au retour, coûte que coûte, renseigner exactement le chef qui a mis en eux sa confiance, de pouvoir lui apprendre tout ce dont il a besoin, chiffre des forces ennemies, nom de l'officier qui les commande, direction qu'elles s'apprêtent à suivre, but probable vers lequel elles tendent ; ce sont, pour arriver à se procurer ces données, les mêmes efforts ingénieux, le même déploiement de ruses multiples, le même perfectionnement de tous les procédés d'information, le même génie inventif, la même discipline servie par le même code d'instructions ponctuelles, précises, sans lacunes, avec cette difficulté immense en plus, de toutes les insuffisances de cette époque de barbarie relative. Ils se trompent lourdement ceux qui croient volontiers que les guerres orientales de cette époque ne consistaient qu'en une succession de mêlées confuses, de collisions désordonnées entre hordes sauvages. Les domestiques des basileis, les émirs Hamdanides (car les Sarrasins suivaient une tactique aussi sévère, obéissaient à une discipline aussi rigoureuse) se faisaient une guerre savante ; ils commandaient à des armées régulières supérieurement organisées. Tout y était prévu, réglé, jusqu'au service journalier de chaque peloton d'éclaireurs, jusqu'à celui de chaque estafette isolée *. »

---

* Ayant à démolir l'un des lieux communs historiques les plus sots, j'ai cru devoir citer le passage entier. Mais une réserve s'impose. Combattant de 1870, dans un corps d'éclaireurs précisément, témoin bien situé par conséquent, de l'indiscipline et de la couardise ignoble des uhlans, hardis seulement contre les femmes et que tout homme résolu pouvait mettre en fuite quand ils étaient un peu

Et maintenant, si on songe à *l'absolu*
de cette querelle trois fois séculaire déjà
entre chrétiens et musulmans et qui ne devait finir, cinq cents ans plus tard, que
par la chute irréparable de Constantinople ;
si on considère que c'était un véritable
duel à mort, le plus long, le plus furieux,
le plus implacable qu'il y ait jamais eu,
on aura peu de peine à concevoir ce que
dut être, avec de tels moyens, l'atrocité
des épisodes. La prise d'Anazarbe en Cilicie et, quelques mois plus tard, celle
d'Alep, avant même que le vainqueur de
Crète fût empereur, eurent, parmi tant
d'autres, ce caractère d'inexorabilité pure,
qui fait que l'histoire tombe des mains et
qu'on se demande avec des sanglots pourquoi le Fils de Dieu est venu mourir sur
la terre.

moins de douze contre un, j'ai le devoir et le besoin de
réprouver avec énergie les expressions admiratives de
Schlumberger. Il se peut que quelques-uns de ces batteurs
d'estrade pleins de choucroute aient été vraiment intrépides, çà et là. Mais, en général, quels pleutres bandits !
quelle vile canaille ! comme le disait, avec moins de raison,
des partisans espagnols, Napoléon, en 1808.

« A l'aube naissante, le mardi 23 décembre 962, avant-veille de la sainte fête de la Nativité, la grande cité d'Alep retomba au pouvoir des guerriers chrétiens, après avoir appartenu plus de trois siècles aux Sarrasins. Ce fut une tuerie colossale, une de ces scènes effrayantes de meurtre universel, dont chaque année de la terrible histoire d'Orient a vu quelque exemple affreux. De vrais ruisseaux de sang descendaient le long des ruelles étroites, en grande partie voûtées, comme quelques-unes le sont encore aujourd'hui. 100.000 soldats assommaient, sabraient et violaient une population frappée de panique, ne songeant qu'à fuir par toutes les issues. La fatigue seule des assaillants arrêta le carnage, dit Aboulfaradj. On ne réserva guère que les plus belles femmes et les plus beaux enfants des deux sexes, au nombre de 10.000. Les filles furent destinées à peupler les gynécées de Byzance ; les garçons à former la pépinière future des corps d'élite de la garde impériale. Après le carnage, vint le pillage. L'opulente capitale du Hamdanide fut totalement dévastée par ces terribles bandes du Nord. Le butin fut tel que l'on ne put songer à l'emporter. Il fallut en livrer au feu la majeure partie, l'immense quantité de bêtes de somme se trouvant absolument insuffisante pour ce transport. La rage de détruire, procédé en apparence si impolitique, mais qu'il faut, je le répète, se garder de condamner d'emblée, tant que nous ne connaîtrons que très imparfaitement les circonstances de ces luttes sanguinaires, fut poussée à ses dernières limites. Tout fut brisé, dévasté, anéanti. Un exemple curieux en fait foi. Les provisions d'huile d'olive étaient conservées dans d'immenses bassins maçonnés, véritables étangs factices. Les Byzantins y firent couler l'eau des fontaines voisines ; l'huile surnageant déborda de partout et la récolte entière se trouva perdue. Ce détail, relevé par un chroniqueur, nous en dit long sur cet anéantissement impitoyable et monstrueux de toute une vaste cité.

« Jamais armée byzantine n'avait encore conquis d'assaut pareille capitale arabe, enlevé pareil butin. Tous les chroniqueurs sont unanimes à insister sur ce fait. Les boutiques de l'immense bazar livrèrent des trésors incalculables. Les durs soldats de Nicéphore étaient amplement récompensés de cette longue campagne qui, des bords du Bosphore et des rives de Crète, les avait conduits jusqu'aux brûlantes campagnes de l'Euphrate et de l'Oronte. Les fantassins byzantins, poursuivant par les ruelles sombres et tortueuses, par le dédale des bazars, les femmes sarrasines d'Alep, vengeaient inconsciemment trois siècles de désastres presque incessants, trois siècles de souffrances inouïes pour toutes ces malheureuses populations chrétiennes d'Asie-Mineure et de Syrie; surtout ils vengeaient les plus récentes infortunes, ces razzias monstrueuses que, chaque année, « l'impie Cham-« das et ses escadrons plus légers que les vents» avaient exécutées en pays de Roum. Parmi les sauvages paysans de Cappadoce, d'Isaurie et de Lycaonie, qui formaient le gros des bataillons de pied de Nicéphore et qui égorgeaient sans pitié les belles Syriennes sur le pavé d'Alep, combien en était-il dont les femmes, les mères, les sœurs avaient péri, elles aussi, massacrées dans leurs rustiques demeures de par delà le Taurus par les féroces Bédouins du Hamdanide! Combien s'en étaient allées, liées sur le dos des chameaux de ses convois, souffrir l'agonie d'une captivité infâme dans les harems lointains des fils de Mahomet !...

« Avec le massacre et le pillage vinrent d'autres excès encore. Une grande partie de la ville, tous les bazars, toutes les plus belles maisons, furent incendiés. Les superbes mosquées, décorées de faïences et de stucs admirables, qui faisaient la gloire d'Alep, furent livrées à la pioche des démolisseurs, leurs *members* délicieusement sculptés et fouillés furent brûlés et les cendres jetées au vent. On sema du sel sur leurs emplacements maudits. D'autres, après avoir été purifiées, furent certainement rendues pour un jour au moins au culte chrétien. La grande mosquée, « une des merveilles du monde », au dire des chroniqueurs musulmans, semblable à celle de Damas, et qui avait été construite à grands frais par Soleïman ben Abd-Almalik, fut pillée, incendiée, transformée en écurie pour les cavales byzantines. »

Enfin, voici Nicéphore empereur, après quelques aventures. Il a épousé l'éblouissante, la diabolique Théophano, veuve et empoisonneuse probable de Romain II, son prédécesseur. Schlumberger la disculpe de ce crime et j'en suis navré. C'eût été plus beau. Romain II, misérablement crevé à vingt-quatre ans, ne fut pleuré par personne. Ce basileus ignoble ne vivait que pour son ventre et les appendices de son ventre, suivant l'expression de Léon Diacre fâcheusement atténuée par Schlumberger.

Toutefois le mariage du nouveau maître et de l'auguste vagabonde n'alla pas sans difficultés. Une question d' « affinité spirituelle », chose infiniment grave à Byzance, intervint et l'obstination d'un patriarche enragé faillit tout empêcher. Le Schisme ne devant être consommé que cent ans plus tard, Nicéphore aurait pu se référer au Pape, que les canons de l'Église grecque n'eussent pas intimidé. Mais il était lui-même trop grec et, peut-être aussi devenu trop *crétois* par sa conquête pour ne pas préférer le mensonge à cet arbitrage. De toutes manières il lui fallait courir son destin qui ne pouvait manquer d'être fort tragique, surtout avec une telle compagne.

Il en coûtait, d'ailleurs, d'être impératrice et c'était un rude métier que celui d'*autocratorissa*. A notre époque d'automobiles et de bombes à renversement, on ne sait pas que les cérémonies à Byzance duraient des journées entières.

« Théophano, assise, très droite, très immobile, sur son haut trône d'or, au fond de la grande salle des fêtes du gynécée, environnée de ses eunuques protospathaires, la figure peinte de vives couleurs, le corps serré dans ses longs vêtements d'or, pareils à une gaine étroite, qui venaient de remplacer son costume de veuve, les épaules drapées dans le lourd manteau multicolore à grands carreaux brodés de perles et de rubis, semblait quelque étrange et flamboyante idole antique disparaissant sous la soie, les pierres précieuses et le métal. Sur sa tête étincelait le diadème à triple rang de perles. Sa main tenait un rameau, chef-d'œuvre de l'orfèvrerie byzantine.

Elle vit d'abord passer, humblement courbés devant elle, tous les eunuques du palais, « tous ceux qui étaient sans barbe », seuls hommes admis en sa présence. Quand elle en eut fini avec ces blêmes et importants personnages, l'infinie procession des femmes commença. Le préposite, chef des eunuques, assisté des ostiaires, introduisit d'après les rites auprès de l'Augusta, par groupes ou *vela* successifs, suivant un ordre hiérarchique immuable, les épouses de tous les dignitaires ayant rang à la cour, chacune désignée par le titre ou la fonction de son seigneur. Les plus considérables par leur rang, c'est-à-dire les patriciennes à ceinture qui avaient de tout temps leurs entrées au Palais, se présentèrent d'abord, chacune soutenue sous les bras par deux silentiaires eunuques, chacune s'agenouillant péniblement dans ses somptueux atours pour baiser les genoux de la *Basilissa* immobile, officiellement indifférente, s'abstenant par étiquette d'abaisser les yeux sur qui que ce fût, comme perdue dans un rêve hautain, ne semblant même pas s'apercevoir de l'immense cortège qui défilait à ses pieds. Après les patriciennes à ceintures, épouses de magistri et de patrices, passèrent les protos-patharissæ et les spatharissæ, femmes de ces dignitaires militaires si nombreux, puis les hypatissæ, les stratorissæ, les comitissæ, les candidates, les femmes des scribones, des domestiques, des silentiaires, des mandataires, de tous les innombrables officiers de la flotte et de l'armée, cent autres classes encore, brillants bataillons féminins s'enfonçant et serpentant à perte de vue à travers les dédales du gynécée...

« La triomphante beauté de cette créature mettait un charme extrême aux trop rares cérémonies où l'inflexible rigorisme de l'étiquette lui permettait de se montrer de loin à la foule, immobile et très parée, aux côtés des petits basileis, ses fils. Elle apparaissait alors comme une sorte de divinité mystérieuse, soutenue par ses femmes et ses eunuques, sans lesquelles elle n'eût pu se mouvoir. Véritablement semblable à une belle icone descendue de son cadre, malgré sa réputation déjà mauvaise, elle semblait aux yeux de la plèbe naïve l'incarnation même de la *Théotokos*, reine du ciel, mère de tous les Byzantins. Et Nicéphore la contemplait avec amour,

songeant peu au terrible lendemain que
lui vaudrait, un jour, une si folle union. »

Je ne puis me défendre d'un goût très
vif pour cette drôlesse d'une beauté sou-
veraine, de basse extraction et profondément vicieuse.

« Léon Diacre, un contemporain, l'a nom-
mée la plus belle, la plus séduisante, la plus
raffinée de toutes les femmes de son temps.
Cette grande pécheresse, dont les charmes devaient exercer une influence si fatale, qui devait successivement se faire aimer de trois
empereurs et être la mère de deux autres, était
née probablement à Constantinople même,
dans l'échoppe de son père, le cabaretier Cra-
téros. Son nom véritable était Anastaso, un
nom de fille ou de servante. Elle le quitta de
bonne heure pour celui plus élégant de Théophano. Léon Diacre nous dit qu'elle était ori-
ginaire de Laconie, peut-être de Lacédémone
même, précisément enfin de ce thème pélopo-
nésien, pour les habitants duquel le Porphyrogénète témoigne d'une si médiocre sympa-

thie dans ses écrits. Toute la première partie de la vie de Théophano nous est inconnue. Nous ignorons comment la fille ravissante du pauvre cabaretier laconien fit un chemin si rapide de la boutique paternelle au gynécée impérial. Nous ignorons de même comment ledit Constantin Porphyrogénète fut amené à donner son consentement à une union si peu désirable... Certainement la belle plébéienne dut affoler d'amour le jeune Romain, et le faible Basileus, qui chérissait son fils, ne sut résister aux supplications du fougueux adolescent... »

On comprend que le chaste vainqueur de l'Islam se soit damné à son tour pour ce succube.

L'expédition triomphale de Nicéphore et la conquête définitive de la Cilicie, en 965, fut peut-être le plus grand effort militaire de Byzance. L'armée impériale, au dire de Léon Diacre, comme aussi des historiens arabes, ne comptait pas moins de 400.000 combattants. Apocalyptiques autant que celui de Jérusalem furent les sièges de Massissa et de Tarse, patrie de saint Paul, villes énormes, fourmillantes entrailles de l'immense monde musulman. On ne pouvait pas tout tuer, la vie des bourreaux étant trop courte, mais les villes prises, on chassait devant soi des centaines de milliers de captifs qui périssaient de misère dans les campagnes horriblement dévastées.

« Tarse reconquise fut sur-le-champ purifiée de la souillure du culte infâme de Mahomet. Cependant il n'y eut pas de destruction, et Nicéphore fit preuve d'une certaine modération. Seule, l'enceinte de la grande mosquée fut transformée en une écurie gigantesque pour les chevaux de la cavalerie byzantine. C'était, d'ordinaire, le premier affront réciproque que Grecs et Sarrasins se faisaient à la prise d'une cité. Depuis trois siècles, des milliers et des milliers d'églises chrétiennes avaient retenti du piétinement des juments arabes et les cris rauques des sauvages palefreniers du désert avaient maintes fois remplacé, sous les voûtes profanées, les chants pieux des prêtres orthodoxes. Les chevaux des émirs avaient mangé l'avoine sur les autels de toutes les basiliques de Syrie et les vases sacrés avaient servi à les désaltérer. Des derviches hagards s'étaient affublés partout des vêtements sacerdotaux, et les crosses des évêques et les croix processionnelles leur avaient servi de bâton. Les chrétiens ne faisaient que rendre la pareille à leurs ennemis héréditaires. Suivant la coutume aussi, ces deux symboles palpables de la domination religieuse du Prophète : la chaire à prêcher, le beau member de bois de sycomore, tout incrusté de nacre et délicatement sculpté, et la tribune non moins riche, la Koutbah d'où, chaque jour, depuis la conquête de Tarse, la prière publique avait été récitée au nom du Khalife, durent être solennellement brûlées en présence du Basileus et leurs cendres maudites jetées au vent *. »

* Au risque d'avoir l'air de sortir de mon sujet, pourquoi ne signalerais-je pas, comme une chose touchante et profonde, l'amour de Gustave Schlumberger pour les plus humbles vestiges de l'histoire byzantine, ses caresses pour une pauvre petite pièce de monnaie, témoin unique du siège de Tarse, dirhem d'argent frappé à Tarse même, au nom de Seif Eddaulèh, l'an 354 de l'Hégire, année même

Le redoutable Nikfour des écrivains arabes aurait pu se montrer plus dur, ayant à venger l'énorme et récent désastre d'une de ses armées en Sicile, d'où les Grecs furent évincés à jamais.

Cet étrange empereur paraît avoir eu toute sa vie la nostalgie du cloître. Cela étonne quand on lit que « ce même homme devint par amour du bien public, l'adversaire courageux et déclaré des ordres religieux et s'opposa à ce point à leurs incessants désirs d'agrandissement qu'il s'en attira la haine du clergé tout entier. »

On était facilement dévot à Byzance. Le surnaturel était intact au dixième siècle, du moins quant aux formules et aux observances, et le zèle religieux de Nicéphore ne le distinguait pas. Ses terribles passions d'Asiatique exaspéraient sa ferveur en le jetant aux pratiques les plus rigoureuses. Une vieille chronique dit que le lit

de la prise de cette ville par l'armée de Nicéphore (V. *Un Empereur byzantin*, p. 491); Schlumberger est un historien *amoureux* et c'est décidément ce qu'on peut dire de plus fort.

de l'empereur était garni de tessons. On le hacha sur cette couche, une nuit d'hiver, quand il eut cinquante-sept ans.

Depuis que le Paradis Terrestre est perdu, la vie ascétique a toujours été la plus brûlante convoitise humaine. Que sont les rages de la cupidité ou de l'ambition, comparées à cet incendie d'une âme qui veut rapatrier Dieu, retrouver en elle-même les futaies et les clairières de l'Innocence primordiale, avec les oiseaux de délices et les amoureuses bêtes féroces, quand la Désobéissance de l'homme ne leur avait pas encore ensanglanté les yeux.

... « Ils étaient pleins de ferveur et soupiraient ardemment vers Dieu », dit l'admirable visionnaire Anne-Catherine Emmerich, parlant de saints hommes qui vivaient au fond des siècles, avant Jésus-Christ. « Je les voyais souvent, pendant le jour ou même pendant la nuit, courir dans la solitude en invoquant Dieu et en criant vers lui avec un désir si violent, qu'ils déchiraient leurs habits pour mettre leur poitrine à nu, comme si Dieu eût dû pénétrer dans leur cœur avec les rayons brûlants du soleil ou comme si, avec la lumière de la lune et des étoiles, il eût dû désaltérer la soif ardente qu'ils avaient de l'accomplissement de la Promesse. »

Après le Calvaire, les Orientaux, par qui la foi nous fut déléguée, avaient mis cela dans les yeux et dans le cœur des Occidentaux, qui les imitèrent comme ils purent. Mais les plus surhumaines maisons de saint Benoît ou de saint Bruno n'égalèrent pas les groupes angéliques de la Thébaïde ou de la Syrie. Au dixième siècle, les temps d'Antoine, de Pacôme, d'Hilarion, étaient bien loin. L'antique Foi qui avait gardé — comme un pasteur de chevreaux — les bondissantes collines, semblait périmée. Sans doute le schisme lamentable n'était pas consommé. Il s'en fallait de trois ou quatre générations. Mais la chrétienté orientale était devenue grecque et même *orthodoxe*, hélas ! telle qu'on la voit encore aujourd'hui. La torche d'amour avait passé dans d'autres mains et quand les pauvres chevaliers de France vinrent au-devant du soleil pour délivrer le tombeau de Jésus-Christ, les dégénérés enfants des premiers martyrs et des premiers solitaires leur furent plus ennemis que les Turcs ou les Sarrasins. On devine ce qu'avait pu devenir l'esprit monastique.

« Parmi les six Novelles ou constitutions qui nous sont restées de Nicéphore, il en est une qui montre combien, même en matière ecclésiastique, écueil très redoutable pour ces âmes du dixième siècle d'une piété si étroite, combien dis-je, Nicéphore portait loin ses qualités d'intelligente modération, de libéralisme très large pour l'époque.

« Cet homme si dévot qui avait tant chéri et tant écouté saint Athanase, qui aimait à s'entourer presque uniquement de religieux, qui portait le cilice, qui faisait figurer sur ses monnaies les effigies du Christ et de la Théotokos, qui, après la conquête de Crète, avait prélevé, sur sa part personnelle de butin, la somme énorme de cent livres d'or pour contribuer à la fondation du monastère de la Laure au mont Athos, le plus grand et le plus riche couvent de la sainte montagne, où il avait songé à se retirer définitivement, qui lui avait encore donné les grandes portes de bronze de son narthex, cet empereur, grâce à ses grandes préoccupations d'ordre militaire, à son souci constant d'assurer le recrutement régulier des armées impériales, avait eu assez d'indépendance d'esprit pour s'inquiéter très sérieusement du nombre toujours croissant des moines et pour chercher à remédier à ce grave abus.

« Cette grande plaie de l'Église orthodoxe : le caloyer misérable, d'une ignorance grossière, absolument inutile, pullulait dans l'empire au dixième siècle. On ne pouvait faire cent pas dans les rues d'une cité byzantine, que ce fût la capitale ou le dernier bourg perdu de la Cappadoce ou du Péloponèse, sans coudoyer un de ces religieux sordides, haillonneux, au court et grossier vêtement, à la barbe inculte, qui, pieds nus, marmottant quelque inintelligible oraison, s'en allait exploitant la crédule piété des fidèles. Pas un village qui n'eût au moins son monastère petit ou grand.

Pas une ville qui n'en contînt plusieurs. Partout, dans les plaines infinies, comme sur la cime de tous les monts, sur toutes les pentes comme dans tous les vallons, dans les îles comme sur les rivages solitaires de toutes ces côtes sans fin de l'immense Empire, s'élevaient par milliers les cellules des cénobites. Le désir ardent, en ces temps si durs, de se ménager par l'habit religieux, un avenir quelque peu paisible, une vie quelque peu abritée, le besoin si naturel, en ces jours de violences et de dévastations interminables, de se grouper et de mener ainsi une existence plus exempte de périls, la perspective surtout d'échapper au service militaire, cette terrible servitude des populations de l'Empire, avaient prodigieusement développé, depuis de longues années déjà, cette vaste famille monacale. À Constantinople même et dans ses faubourgs, les monastères se comptaient par centaines. Pas une église, pas une chapelle qui n'eût le sien. Pas un empereur, pas un prince du sang qui n'en eût fondé et magnifiquement doté plusieurs. Dans certains quartiers, les couvents et les fondations pieuses de toutes sortes se succédaient à la file sur d'interminables espaces.

Plusieurs contenaient une population énorme.
Le seul couvent de Stoudion, ce monastère
dédié au Précurseur, était habité par mille
moines. Que dire des grandes agglomérations
de l'Athos, des grandes laures du Péloponèse,
où vivaient de véritables armées de religieux ?
Le mont Olympe fourmillait littéralement de
solitaires. En cette époque de guerres inces-
cessantes qui décimaient les générations arri-
vées à l'âge d'homme, on conçoit quel danger
et quelle perte représentait pour l'Empire ce
monde de moines qui se chiffrait par centaines
de mille, qui privait l'armée de tant de bras
vigoureux, qui, dans maintes circonstances,
pouvait devenir un élément d'agitation fana-
tique fort redoutable. Et cependant l'esprit
dévot du siècle, joint aux causes énumérées,
contribuait constamment à grossir dans des
proportions presque infinies, ce péril déjà
si grand. Tout sénateur opulent, tout archonte provincial ou commerçant enrichi,
toute femme de qualité fondait ou enrichis-
sait, de son vivant ou à son lit de mort,
quelque monastère pour s'attirer la clémence
divine ou pour racheter quelque faute très
grave.

« Petit à petit la richesse nationale passait aux mains des congrégations, tout comme en France sous l'ancien régime. L'Empire menaçait de devenir la propriété d'un million de religieux. »

Nicéphore ne songea pas à les déposséder, ce qui sans doute était impossible, mais il interdit formellement d'établir de nouveaux monastères ou de nouvelles fondations pieuses et voulut renvoyer au désert, conformément à l'esprit de leur institution, la plupart des moines qui peuplaient les villes. L'exposé des motifs est très curieux pour l'époque.

« Les moines », dit-il, « ne possèdent aucune des vertus évangéliques, ils ne songent, à chaque minute de leur existence, qu'à acquérir de nouveaux biens terrestres, arpent par arpent, qu'à élever d'immenses constructions, qu'à acheter, en quantités innombrables, chevaux, bœufs, chameaux, toutes sortes de bêtes de somme ; ils consacrent à s'enrichir de la sorte toutes leurs forces, toute leur énergie, si bien que la vie qu'ils mènent en réalité ne diffère plus en rien de celle des plus mondains. Quel contraste cette existence toute frivole n'offre-t-elle point », s'écrie pieusement le légiste impérial, « avec la vie des saints religieux qui, aux siècles passés, ont vécu en Égypte et en Palestine, eux dont l'existence quasi immatérielle tenait plus de celle des anges que de celles des humains ! »

Cette constitution célèbre fut malheureusement abrogée quarante ans plus tard. On ne la lui pardonna pas, mais ce qui porta au comble l'exaspération fut sa prétention de nommer lui-même les évêques, exaspération bien imbécile, puisque l'Église dite Orthodoxe étant déjà séparée en fait du Vicaire de Jésus-Christ, l'épiscopat ne pouvait plus être conféré que par le Patriarche qui était lui-même, neuf fois sur dix, une créature de l'Empereur. Rien, à vrai dire, ne fut pardonné à cet homme supérieur, mais antipathique, et, dès le début de son glorieux règne, commença le mé-

contentement universel qui devait le traî-
ner à la boucherie.

Le malheureux en vint à se fortifier
contre son peuple. Le palais du Boucoléon, jadis bâti par Théodose, fut transformé par ses ordres en un donjon formidable, « refuge suprême en cas de sédition,
forteresse destinée à tenir en bride cette
turbulente plèbe de la capitale ». Ces travaux furent une nouvelle occasion de dépenses énormes, de corvées impitoyables.
Nicéphore, toujours pressé du besoin d'argent pour entretenir ses dévorantes armées
et peu scrupuleux quant au moyen de s'en
procurer, avait déjà une terrible réputation d'avare. Ce fut le dernier coup. Il
n'y eut qu'un cri de colère dans Constantinople.

« Du reste Nicéphore jouait décidément de
malheur. Tous ses préparatifs, ce palais du
Boucoléon, signe d'esclavage, « cette acropole
« construite pour mieux opprimer les mal-
« heureux citoyens de Byzance », les dépenses

énormes occasionnées par ces travaux gigantesques, entretinrent extraordinairement l'animosité populaire, habilement exploitée par
les adversaires toujours plus nombreux du
régime en vigueur. On ne se gênait plus pour
critiquer l'empereur, presque sous ses yeux,
au Palais. Comme toujours, le peuple imbécile ajoutait foi aux plus absurdes racontars.
Nicéphore, disait-on, ne se serait décidé à
s'entourer ainsi de murailles et de créneaux
que parce qu'une prophétie sinistre l'avait
épouvanté. Un moine, suivant les uns, un
astrologue, suivant d'autres, lui avait prédit
qu'il ne périrait que de la main d'un habitant
de Constantinople... Une nuit, durant qu'on
construisait la fameuse muraille, une voix
mystérieuse qui semblait sortir du sein des
flots de Marmara, s'écria : « O Basileus, c'est
« en vain que tu fais dresser ces hauts rem-
« parts. Tu les élèverais jusqu'aux cieux que
« tu n'empêcherais point l'infortune de te
« poursuivre jusque dans ta demeure et tes
« ennemis d'y pénétrer sans peine. » Sur
l'ordre de Nicéphore, on rechercha longtemps
ce funèbre et nocturne promeneur. On ne
trouva personne. « Le Basileus ne pouvait

« échapper à sa destinée », dit le même chroniqueur, et le peuple ne manqua pas de
faire cette remarque que « le prince, qui avait
« démérité de ses sujets, périt assassiné, le
« jour même où le château du Boucoléon
« étant achevé, les clefs des portes lui en
« avaient été solennellement remises. »

Avant d'arriver au dénouement effroyable de cette tragédie de six ans que fut le
règne de Nicéphore, il faut signaler,
chap. XIII, le rafraîchissant et sédatif
résumé de l'ambassade de Luitprand envoyé par Otton le Grand à Constantinople.
Ce pauvre évêque de Crémone, retenu
malgré lui et constamment bafoué par
l'Empereur, qui paraît s'être beaucoup
diverti de ses ridicules, a laissé de ses
déboires à la cour de Byzance une relation détaillée qui est un des documents
contemporains les plus précieux. Il est
difficile de se représenter un ambassadeur
traité avec aussi peu de respect. Pendant
quatre mois du plus odieux séjour, il n'y

eut pas d'humiliations et d'avanies qu'on ne lui infligeât. Chaque soir, le bilieux souffre-douleur, retiré dans l'affreux gîte qu'on lui avait assigné, se vengeait de ses affronts en les racontant pour la plus lointaine postérité, nous faisant du Basileus et de ses conseillers le tableau le plus noir et le plus chargé.

« Nicéphore », dit-il, « est d'une laideur « rare, de taille très courte, avec une fort grosse « tête, de tout petits yeux, des yeux de taupe, « une barbe courte et dure, épaisse et déjà « grisonnante, le cou fort menu. Il est noir « de peau comme un nègre, tellement qu'il « ferait peur à qui le rencontrerait la nuit. Il a « le ventre gros, les hanches étroites, les cuisses « trop longues, les jambes trop courtes, les « pieds difformes. » Le rancunier prélat n'épargne même pas le splendide costume impérial d'apparat qu'il déclare fort usé, ni les fameuses bottines de pourpre et le reste qu'il traite fort mal. Ce portrait peu flatté n'est en rien racheté par la peinture des qualités morales. « Le langage du Basileus est insolent et bru-

« tal. Il est fourbe comme un renard, menteur
« à l'égal d'Ulysse... Quel contraste avec vous,
« ô mon noble empereur, ô ma chère impéra-
« trice ! » clame. le vieux courtisan, dans son
naïf désir de plaire. « Combien vous êtes
« plus beaux, plus aimables, plus civilisés ! »

Une importante partie de cette relation
concerne la nourriture exécrable, dont
l'ambassadeur et sa suite durent se contenter. Grief terrible pour ces estomacs
délicats habitués aux vins parfumés de la
Lombardie et du Piémont, forcés d'avaler
le vin atroce des Grecs, mixture imbuvable
de plâtre, de résine et de poix que con-
naissent bien ceux qui, même de nos jours,
ont quelque peu fréquenté les terres hellé-
niques. La prison de l'ambassade était
même entièrement dépourvue d'eau... On
peut aussi se représenter un gourmand
du genre de Cambacérès en présence de
l'abominable *garon*, sauce fameuse fort
appréciée des Byzantins, sorte de caviar
ou de saumure de diverses espèces de

poissons, dont ils empoisonnaient tous leurs mets et que les Occidentaux les plus intrépides ou les plus affamés ne pouvaient envisager sans horreur.

Enfin, après cent vingt jours de captivité et d'affreux ennuis, le négociateur déconfit de l'héritier de Charlemagne obtint de quitter Byzance et le voyage de retour, où il fut livré trois mois au brigandage des navigateurs ou fonctionnaires impériaux, compléta la série des tribulations tragi-comiques de ce diplomate infortuné.

En 968, avant-dernière année de son règne, Nicéphore fit une expédition en Asie, marche triomphale à travers la Syrie et la Phénicie.

« Après avoir passé deux mois à ravager les contrées situées sur les deux versants du Liban, durant que le monde musulman continuait à s'entre-déchirer, l'empereur Nicéphore, laissant garnison dans les principales forteresses conquises, parut enfin devant Antioche, le dix-huitième jour du mois de novembre 968, traînant après lui 100.000 prisonniers, presque tous enfants ou jeunes gens des deux sexes. Tout ce qui était vieux ou faible avait été tué ou abandonné, sauf 1.000 vieillards et vieilles femmes auxquels Nicéphore confia la garde de toute cette jeunesse. Dix-huit villes à grande mosquée et d'innombrables forteresses, cités secondaires ou bourgades, avaient été prises et en majeure partie détruites ou brûlées. Un grand nombre d'habitants de la Syrie et de la côte phénicienne embrassèrent le christianisme pour se racheter. »

La grande Antioche, troisième ville du monde, à son tour, allait être conquise par ses lieutenants. Dans toutes les cités musulmanes les vrais croyants versaient des larmes amères. Il n'était question que des projets redoutables de l'invincible Nik-four qui ne parlait de rien moins, disait-on dans les carrefours de toutes les bonnes villes de l'Islam, que de faire disparaître le nom sarrasin de la surface de la terre.

« C'est alors même, dans cet abîme de détresse », s'écrie pieusement le vieil historien, Aboulféda, « que Dieu se révéla de nouveau aux Musulmans affligés et les délivra soudain d'une si affreuse tourmente. Et cette même année qui avait vu le triomphe de l'Empire de Nicéphore, qui l'avait vu dévorer la Syrie toute entière sacrifiée à ses ambitions impies, qui avait fait trembler au seul bruit de son nom tout le monde des fidèles enfants d'Allah, vit ce grand conquérant périr par les embûches d'une faible femme. »

Voici un passage de l'historien syrien, Yahia, qui résume d'une manière saisissante ces terribles campagnes de Nicéphore contre les Sarrasins :

« Personne ne doute que l'empereur Nicéphore n'ait conquis la totalité des provinces syriennes, le Diâr Modar, le Diâr Rabî'ah et le Diâr Bekir, et qu'il n'en ait pris possession. En effet, il avait fermement décidé d'envahir la campagne des villes et villages qu'il choisissait, de la razzier, d'y répandre l'incendie, d'emmener les habitants en captivité et d'enlever les bestiaux, et, le temps de la moisson venu, de sortir, de brûler toutes les récoltes et de laisser ainsi mourir de faim les habitants des villes. Il continuait d'agir de cette manière à leur égard chaque année, jusqu'à ce que la nécessité les contraignît à lui livrer leurs villes. Il se rendit maître par ce moyen de toutes les villes frontières de la Syrie et du Djezirah ; il tua et réduisit en captivité un nombre d'habitants que Dieu seul pourrait compter. C'est au point que ses expéditions devinrent pour ses troupes comme des parties de plaisir, attendu qu'il commettait ces ravages sans rencontrer un seul musulman pour le repousser. Il poursuivit plusieurs fois les Arabes Bédouins et les vainquit; après ces succès ils le redoutèrent et n'osèrent plus s'approcher de lui. Il inspira la plus grande terreur aux musulmans. Personne n'osait se tenir en sa présence. Il soumit la Bulgarie aux Russes et leur délégua son autorité sur ce pays. Enfin, tout était sous sa main et il gouverna avec la plus grande habileté et le plus grand succès, mais lorsqu'il fut parvenu à l'accomplissement de ses désirs, il fut tué. »

Et post hæc decidit in lectum, et cognovit quia moreretur.

De graves soucis politiques nécessitèrent le brusque retour du héros à Constantinople. « La réception qui lui fut faite à son arrivée, vers le mois de janvier 969, fut magnifique de tous points ; mais, cette fois, il semble bien que ce fut un enthousiasme de commande, un simple enthousiasme officiel ; le cœur de son peuple ne battait plus à l'unisson du sien comme aux beaux jours des victoires de Crète et des premiers triomphes de la Cilicie. Dix ans de guerres incessantes, d'impôts militaires écrasants perçus avec la plus impitoyable rigueur, une disette générale occasionnée moins par les mauvaises récoltes que par le manque de bras, la pauvreté universelle, mille autres causes de mécontentement créés en partie par le caractère personnel et dur du Basileus, avaient bien rapidement transformé les sentiments d'amour de jadis en une haine profonde, haine encore tant soit peu déguisée dans les rangs des classes élevées, presque ouverte dans ceux de la foule. Quant le vaillant homme de guerre, dompteur de ces fameux Hamdanides, parcourut pensif, au pas de son coursier, les rues de son immense capitale en fête, parmi tout un peuple rangé sur son passage, il dut surprendre plus d'un regard sinistre, plus d'une sourde huée mal contenue par la présence des gardes barbares, plus d'une imprécation à peine dissimulée.

Nicéphore n'était pas seulement devenu odieux à son peuple et à beaucoup de ses compagnons d'armes, il l'était devenu aussi à sa femme, l'impératrice Théophano. La belle corrompue devait être fatiguée depuis longtemps déjà de ce bouc de gloire. Le grand domestique Tzimiscès, héros lui-même et fort séduisant, lui inspirait un ardent amour. Elle décida de le mettre sur le trône et dans son lit. Tzimiscès, disgracié et profondément humilié par le soupçonneux empereur, semble n'avoir pas hésité une minute.

« Sentant d'instinct que l'heure était venue et que la route lui était ouverte, que Nicéphore avait fait son temps, que l'impopularité de son ancien frère d'armes, de celui qu'il avait tant contribué à faire empereur, avait atteint sa limite dernière, il se trouvait, en véritable homme de son siècle et de sa race [*], prêt à tout tenter, résolu à recourir aux dernières extrémités pour s'emparer à son tour du pouvoir... »

Il n'eut pas de peine à grouper autour de lui quelques hommes déterminés, qui avaient tous à se plaindre du Basileus. Le complot marcha avec une précision et une rapidité effrayante. Dans la nuit du 10 au 11 décembre 969, par un temps de froid et de neige d'une tristesse infinie, le grand empereur fut réveillé — pour quelques minutes — par ses assassins.

« Après avoir réussi, contre toute espérance,

[*] Tzimiscès était arménien.

à pénétrer dans le Palais plein de traîtres et d'espions, les conspirateurs quittant la plate-forme du Kastron, entrent tous ensemble, l'épée nue à la main, dans le *cubiculum* impérial. L'historien arabe Aboulféda affirme que Théophano en personne les précédait et que ce fut elle qui leur ouvrit la porte dérobée qu'elle avait dans la soirée, négligé de refermer. Le fait semble peu probable. Jean Tzimiscès fut ici encore le dernier à entrer dans la chambre de son ancien compagnon d'armes. Comme ils s'approchaient du lit, ils le trouvèrent vide ! Ignorants des habitudes de Nicéphore, ils se crurent trahis. Comprenant qu'il leur serait impossible de fuir, une affreuse panique les saisit.

« Déjà quelques-uns parlaient de se jeter à la mer du haut des murs et de gagner le large à la nage. Un petit eunuque, qui les guidait les tire d'embarras. Il leur montre du doigt, dans un angle de l'appartement, le Basileus sommeillant profondément sur sa peau de tigre. Aussitôt tous, pareils à des bêtes de proie, l'entourent. Comme il continuait à dormir, ils se jettent à la fois sur lui, le frappant à grands coups de pieds. Lui, réveillé en sursaut, se soulève accoudé sur un bras. Alors Léon Balantès, d'un terrible coup d'épée, lui fend la tête qu'il avait nue, son bonnet étant tombé à terre dans l'effort qu'il avait fait pour se dresser. Fou de douleur, car l'arme avait tranché toute la face, coupant profondément le front, le sourcil et la paupière et pénétrant jusqu'à l'os sans cependant atteindre le cerveau, le malheureux s'écrie à plusieurs reprises : « Théotokos, viens à mon secours ! » Sa face ruisselait de sang ; on lui attache les jambes ; on l'entraîne au pied du grand lit où Jean Tzimiscès s'est assis ; on veut le mettre à genoux devant son ancien frère d'armes, mais lié comme il l'est, étourdi par le coup qu'il vient de recevoir, il ne peut se tenir droit et roule à terre. Jean l'accable des plus furieuses invectives ; tous les conjurés l'imitent ; chacun lui jette son injure ou sa vengeance à la face. « Réponds-moi, misérable « tyran », lui crie l'Arménien hors de lui, le foulant du pied, « réponds-moi : dis si ce « n'est pas grâce à moi que tu es monté sur « le trône, que tu es devenu un tout-puissant « empereur. Oublieux de tous mes bienfaits, « aveuglé par la plus basse envie, tu m'as fait

« tomber en disgrâce, tu m'as enlevé le com-
« mandement de l'armée, tu m'as envoyé
« vivre aux champs dans un misérable exil,
« avec des paysans et des valets, moi, qui vaux
« cent fois mieux que toi, moi, que tous
« aiment et vénèrent alors que tous te haïs-
« sent. Maintenant tu es en mon pouvoir, nul
« ne t'arrachera de mes mains. Toutefois, si
« tu as quelque chose à dire pour ta défense,
« parle, je t'écoute. »

« Cependant le Basileus défaillant, se sentant perdu, ne répondait rien à tant d'outrages ;
seulement il continuait à invoquer à haute
voix le secours de Dieu et de la Théotokos.
On s'acharne sur l'infortuné, Jean lui arrache
des touffes de barbe. On lui fracasse la mâ-
choire ; on lui fait sauter les dents à coup de
pommeau d'épée. Jean frappant des pieds le
corps déjà presque inerte, lui détache en pleine
figure un coup d'épée qui lui pourfend le
crâne. C'est à qui le frappera parmi ces
hommes féroces éperdus de haine. L'un venge
un long exil, l'autre sa disgrâce et les dédains
du maître pour la prise de la grande forteresse syrienne.

« Enfin, au bruit du Palais qui s'éveille et

se remplit de rumeurs menaçantes, ils comprennent qu'il faut en finir. Un conjuré, de sa longue épée recourbée à la pointe, transperce Nicéphore de part en part. Le Basileus expire aussitôt, Ainsi périt misérablement le grand empereur auquel ses triomphes innombrables avaient valu le nom de Νίκητὴς, le victorieux. Théophano devait être derrière la porte qui écoutait.

« Cependant cette scène affreuse a duré trop longtemps. Des rumeurs vagues font soupçonner aux serviteurs restés fidèles le péril de leur maître. Ils accourent. Les soldats, des Varangiens peut-être, qui sont, cette nuit, de garde au Palais sacré, se précipitent, la hache en main dans l'espoir que le Basileus n'a pas encore succombé. On s'efforce d'enfoncer les portes de bronze ; un combat furieux s'engage ; Aboulfaradj parle de 70 gardes tués. Un moment même, on peut croire que c'en est fait des conspirateurs, quand, sur l'ordre de Tzimiscès, qui déjà s'est précipité dans la grande salle du *Chrysotriclinion* pour s'y faire couronner, Atzypothéodoros tranche la tête à l'empereur mort et, la brandissant par une fenêtre, la montre à la lueur des flambeaux au peuple accouru. Quelle scène, quelle exhibition en ce lieu, par cette nuit noire, dans cet ouragan de neige ! La multitude épouvantée, levant les yeux de toutes parts vers la sombre masse des bâtiments du Boucoléon, n'apercevait qu'un point lumineux qui attirait tous les regards ; c'était ce groupe d'hommes, vivement éclairés par les torches fumeuses, agitant par ses longs cheveux encore noirs la tête ruisselante de sang du grand basileus Nicéphore.

« A cette vue, les soldats mercenaires, qui croyaient leur empereur encore vivant, s'arrêtent. Hommes d'une autre race, animés d'un sentiment d'honneur militaire tout à fait éteint chez les Grecs du Bas-Empire, ces guerriers du Nord, haïs d'un peuple qu'ils n'aiment point, savent que, maintenant, tout est terminé, que personne ne les suivra s'ils cherchent à contrarier une révolution déjà faite ; ils auraient vaillamment défendu Nicéphore, ils ne le vengeront pas.

« Jean Tzimiscès qui, pendant ce tumulte, a rapidement chaussé les bottines de pourpre et revêtu les principaux attributs du costume impérial, assis sur le trône des Basileis dans le Chrysotriclinion splendide, est immédiatement acclamé par les conjurés et par la foule de ses nouveaux partisans. Byzance a changé de maître !

« ...Toute la journée du lendemain, le samedi 11 décembre, par un temps sombre et brumeux d'une horrible tristesse, le corps décapité de l'illustre vainqueur des Sarrasins, précipité d'une fenêtre dans les jardins du Palais, demeura gisant sur la neige. Vers le soir seulement, le nouveau souverain donna ordre de faire disparaître ces restes importuns. On ne pouvait songer, dans la confusion du moment et après cet assassinat presque public, à faire au Basileus défunt des funérailles solennelles. L'inhumation fut honteusement clandestine et précipitée. On mit à la hâte ce pauvre corps sur un brancard improvisé avec des morceaux de bois ramassés çà et là, et, la nuit venue, une nuit noire et profonde, on le transporta, presque en courant, sans pompe aucune, dans le plus grand secret, aux Saints-Apôtres. Il y fut aussitôt enseveli dans un des grands sarcophages de l'*héroon* de Constantin. »

II

JEAN TZIMISCÈS

LES DEUX BARDAS

LES
JEUNES ANNÉES DE BASILE II

Je suis certainement le seul des contemporains ayant lu quatre fois ce soi-disant
premier tome de l'*Épopée Byzantine* qui
n'est, en réalité, que le second, Nicéphore
Phocas ayant été le véritable inaugurateur
de cette Épopée qui dura exactement
soixante-cinq ans, pour l'épouvante et le
désespoir du monde musulman. Et j'ai
fait cette lecture, non par zèle mais pour
assouvir mes passions.

Il est sûr qu'aussitôt après le drame
plus que noir qui termine le règne de Nicéphore, l'histoire de son successeur est
un éblouissement. On oublie l'horreur qui
vient de s'accomplir au Palais du Boucoléon, dans la nuit panique de décembre,

l'affreuseté sans nom, l'abomination infinie de cette troupe de frénétiques achar-
nés au hachis de leur souverain, plus misérable qu'un ver et se tordant à leurs
pieds. Ils en furent tous récompensés d'ailleurs avec plus ou moins de promptitude,
exactement comme il devait arriver, deux
cents ans plus tard, aux assassins de saint
Thomas de Cantorbéry.

« Le pieux Léon Diacre note avec émotion
qu'aucun des meurtriers de Nicéphore ne
jouit paisiblement du fruit de son forfait. Jean
Tzimiscès, après un règne glorieux mais bien
court, périt, lui aussi, de mort violente et
mystérieuse. Théophano, chassée presque aussitôt du Palais par son amant et son complice
de la veille, qui refusa de l'épouser, traîna de
monastère en monastère et jusqu'au fond de
l'Arménie, une existence lamentable. Les
autres conjurés, sans une exception, eurent
une fin malheureuse. La justice divine attei-
gnit chacun d'eux. Le seul Léon Balantès fut
exécuté aussitôt comme ayant porté le premier
coup. Ce fut le bouc émissaire qui paya d'abord

pour tous. Jean Tzimiscès ne put ou ne voulut le sauver. »

N'importe, ce Tzimiscès est un si beau prince qu'il fait oublier le passé le plus récent et ne permet pas qu'on songe à l'avenir le moins éloigné. Puis, il se lave tellement les mains du sang du « juste » Nicéphore dans le sang des ennemis de son peuple, qu'on ne sait plus s'il les a trempées dans celui de son empereur.

Bien avant le crime, avant même que Nicéphore fût basileus, le nom de ce guerrier était déjà un symbole de terreur dans toute l'étendue des terres arabes et, des bords du Tigre à ceux du Nil, dit le chroniqueur, les mères sarrasines épouvantèrent leurs enfants indociles en les menaçant du courroux du terrible « Tchumuschtiguin ». L'histoire de ces temps, si avare de documents, a pourtant conservé le récit du combat du « Mont du Sang », sur le chemin de Tarse à Massissa en Cilicie, où l'on avait vu de vrais ruisseaux de sang se précipiter en cascades le long des flancs de la colline.

Le contraste physique, au surplus, était écrasant pour le chèvre-pieds qui venait d'être remplacé sur le trône de Constantin.

« J'ai raconté » dit Schlumberger, « ses glorieuses campagnes de la guerre sarrasine, le rôle actif et prépondérant joué par lui dans l'élévation de Nicéphore à l'Empire, lors de cette sédition militaire de Césarée dont il fut l'artisan véritable. J'ai dit ses belles qualités de vaillance et de générosité, de bonté, de douceur, de droiture, de bon sens qui le rendaient si populaire, son admirable valeur guerrière, sa fougue incomparable qui faisaient de lui peut-être la plus brillante personnification des vertus militaires à cette époque et le défenseur de l'Empire le plus redouté des Sarrasins. J'ai fait, d'après les récits des contemporains, son portrait physique si caractéristique, je l'ai peint si charmant, si élégant et si noble, avec ses yeux bleus, son regard vif et bon, sa chevelure blonde tirant sur le roux, sa barbe d'un rouge fauve, son teint si clair, son nez fin délicatement arqué, son corps si bien pris dans sa très petite taille, d'une vigueur, d'une agilité, d'une adresse prodigieuse; le meilleur cavalier, le meilleur tireur de flèches, le meilleur lanceur de javelots de l'Empire. Il avait toutes les qualités enchanteresses qui font pardonner et oublier les grands crimes, tous les vices aimables aussi que les peuples excusent si aisément. « Il aimait trop « le vin et la bonne chère », dit Léon Diacre qui l'a connu, « il aimait ardemment le plai- « sir et se complaisait à toutes les prodigali- « tés. » Manassès le compare à un nouveau paradis d'où coulaient les quatre fleuves de la justice, de la sagesse, de la prudence et de la valeur. « S'il n'eût souillé, ses mains », s'écrie-t-il, « du meurtre de Nicéphore, il eût « brillé au firmament comme un astre incom- « parable. » C'était le véritable prince séduisant, énergique et guerrier qu'il fallait pour le relèvement de l'Empire si glorieusement inauguré par Nicéphore. »

Il est vrai qu'en attendant la boiteuse justice qui devait lui régler son compte, l'Arménien s'était donné immédiatement deux maîtres.

D'abord, le vieux patriarche Polyeucte sans la consécration de qui Tzimiscès savait fort bien qu'il ne pourrait jamais être considéré que comme le pire des usurpateurs. Ce pontife enragé lui fit payer très cher son huile orthodoxe : « Je ne puis », lui dit-il, « recevoir dans le sein de l'Église celui dont les mains sont teintes de ce sang illustre. Avant tout il te faut faire pénitence, te laver de l'accusation capitale qui pèse sur toi. La voix publique affirme ta participation au meurtre de Nicéphore. Il nous faut des coupables. Si tu veux entrer au Lieu saint, là où seulement je puis te consacrer, disculpe-toi d'abord ; à supposer que tu y réussisses, dénonce sans hésitation les assassins véritables, quels qu'ils soient. » Il termina cette apostrophe par une phrase qui dépassait en hardiesse toutes les précédentes : « Avant tout chasse du Palais sacré la femme adultère et criminelle qui a tout conçu, tout dirigé, qui a été certainement la coupable principale ! » Il y eut bien d'autres exigences dont la moindre était l'abandon complet de la fortune mobilière et immobilière de Tzimiscès.

Ensuite, le parakimomène — ou premier chambellan — Basile, bâtard du basileus Romain Lécapène qui l'avait fait eunuque dès sa tendre enfance. « On était dans la coutume », dit Lebeau, « de supprimer de la sorte, à Byzance, les aspirations à la pourpre de ceux qui, nés sur les marches du trône, n'étaient cependant pas destinés à y monter. »

« Le parakimomène Basile avait déjà joué, sous trois règnes successifs, un rôle éclatant. Cet homme hardi, avisé, d'une énergie extra-ordinaire, mais corrompu, dur et sans scru-pule, avide du pouvoir à un point inouï, est certainement une des figures les plus intéres-santes, les plus curieuses de son époque. Psel-lus a été seul à nous conter ce détail qu'il était, malgré sa triste situation d'eunuque, de la plus noble prestance, de la plus belle sta-

ture, avec l'air le plus majestueux, le plus imposant, en véritable fils de basileus qu'il était.
Son importance, considérable déjà, depuis de
longues années, allait grandir encore sous ce
règne. Sous le suivant enfin, il devait devenir,
pour quelque temps, le premier personnage
de l'Empire. Je rappellerai en peu de mots
que cet homme d'État célèbre de la seconde
moitié du dixième siècle oriental était le fils
bâtard du basileus Romain Lécapène et d'une
esclave scythe, c'est-à-dire bulgare ou russe.
Ancien favori du basileus Constantin Porphyrogénète dont il se trouvait être le propre
beau-frère, il avait déjà rempli sous ce prince
des fonctions fort importantes. C'était un esprit brouillon, changeant, aventureux, mais
audacieux, très résolu, très opiniâtre, d'humeur
guerrière, malgré sa condition physique... En
958 notamment, à la tête de toutes les forces
d'Anatolie, il avait battu à outrance les Sarrasins et célébré un triomphe à Constantinople. »

Le nouvel empereur, qui lui devait, en
grande partie, son élévation, dut voir

passer quelquefois, devant son esprit cette grande figure stérile, quand il lui arriva de méditer sur la mort.

Inutile de parler des deux autres basileis, les deux fils de Romain II et de Théophano : Basile âgé de quatorze ans, surnommé plus tard le Bulgaroctone et Constantin âgé de douze, qui ne pouvaient être les maîtres de personne. Nicéphore avait été le tuteur de ces deux légitimes de l'illustre maison de Macédoine et Tzimiscès allait continuer simplement. Depuis la mort de leur père, prédécesseur immédiat de Nicéphore, on avait revu cette chose, vue à Byzance tant de fois déjà : plusieurs empereurs occupant à la fois le trône impérial, état funeste qui devait durer soixante ans.

Toutes les concessions ayant été faites, l'intraitable patriarche gavé de toutes manières, le parakimomène devenu le premier après l' « Égal des Apôtres », la splendide et désespérée Théophano transformée soudain en une misérable caloyère dans un couvent lointain ; Tzimiscès, enfin couronné et libre de ses mouvements, organisa précipitamment les forces de l'Empire.

Il n'y avait pas une heure à perdre. Le torrent russe débridé, décloîtré de ses glaces et de ses déserts, émancipé par une imprudence mortelle de Nicéphore, menaçait Constantinople, effroyablement. Héritage du Basileus assassiné! Jamais on n'avait été en si grand péril. Les Russes ou Ross. appelés alors Varègues et d'origine scandinave, très probablement, étaient le cauchemar des Grecs.

« Le plus redoutable, le plus instant danger, c'était l'ennemi russe. Cet ennemi féroce, grisé par ses récentes victoires sur le peuple bulgare, demeurait, à ce moment, campé sur la frontière du Nord, au pied du Balkan, à quelques marches à peine de la capitale. D'un jour à l'autre ses hordes infinies pouvaient paraître au pied des remparts de la Ville gardée de Dieu, but suprême de leurs convoitises... Le péril était immense, imminent, mais Jean Tzimiscès, digne successeur de Nicéphore Phocas, fut bien à la hauteur de ces cruelles circonstances. »

« ... On reçut soudain, vers le mois de mars 970, je pense, dans la Ville gardée de Dieu, des nouvelles effroyables. Les Russes avaient inopinément franchi le Balkan. Comme des loups, ils s'étaient jetés sur Philippopolis, grande et forte place bâtie sur l'Hèbre et qui faisait alors partie du royaume bulgare. C'était la première ville rencontrée par eux sur le versant sud des monts. Ils l'avaient prise et noyée dans un horrible bain de sang. Léon Diacre raconte que 20.000 des défenseurs de la cité, saisis après la victoire, furent empalés sur des alignements de pieux ou pendus à des rangées de potences par ces démons du Nord... La panique dans Constantinople dut être extrême... Cependant, avant de s'engager définitivement dans cette lutte désespérée, Jean Tzimiscès, tout en ralliant ses derniers bataillons, voulut tenter une négociation. Il offrit de l'argent au chef barbare en exigeant l'évacuation immédiate. Sviatoslav furieux fit la réponse insolente qu'on pouvait prévoir. Il déclara qu'il ne consentirait à évacuer que les seules terres de Thrace qu'il venait d'envahir

et cela à la condition que le Basileus lui paie-
rait pour ces districts comme pour les innombrables prisonniers qu'il avait faits, une
rançon énorme, mais qu'il s'établissait purement et simplement dans la Bulgarie danu-
bienne. « Si tu repousses mes propositions »,
mandait-il en forme de péroraison, « vous
« n'aurez autre chose à faire, toi et tes sujets,
« que de quitter définitivement l'Europe. Re-
« tirez-vous en Asie, abandonnez-nous Cons-
« tantinople. »

Ainsi parlait à Jean Tzimiscès, le prince
des Ross, Sviatoslav, fils d'Igor, prince
de Kiev « mère des villes russes ». C'était
la troisième fois depuis un siècle, depuis
la miraculeuse défaite d'Askold le Varègue
chassé par Photius trempant dans les flots
le *maphorion* divin, que les Russes som-
maient ainsi audacieusement les séculaires possesseurs de Byzance d'évacuer à
leur profit la Cité reine. « Hélas ! » ajoute
Schlumberger, « bien des fois dans l'avenir
jusqu'à nos jours, leurs descendants de-

vaient renouveler les mêmes menaces, et cependant la race moscovite n'occupe point encore les espaces fameux où s'élevait naguère le Palais sacré des empereurs de Roum ! »

La guerre était inévitable et sans merci. Nulle grâce à espérer de ces brutes féroces absolument indignes de pardon. « Non contents », dit l'honnête Lebeau, « de mettre le feu aux métairies, aux villages, aux églises, ils se faisaient un jeu des supplices les plus inhumains. Ils mettaient les habitants en croix, perçaient les autres de javelots et les laissaient cloués à la terre ; d'autres liés à des poteaux servaient de but à leurs flèches. Leur cruauté distinguait les prêtres et les clercs ; après leur avoir attaché les mains derrière le dos, ils se divertissaient à leur enfoncer des clous dans le crâne... »

Je me plais à espérer que c'est de cette sorte que les Prussiens nous feront leur prochaine guerre. Ils ont assez montré, en 1870, que telle est leur pente. Oui, je voudrais que ces renégats luthériens, plus criminels et plus maudits dans leurs âmes que les païens même, allassent ainsi jusqu'au bout, parce qu'alors, sans doute, une France chrétienne jaillirait enfin, pour leur extermination, de ce fourmillement d'horreurs *.

Il faut insister sur le caractère singulièrement diabolique de cette guerre russo-grecque du dixième siècle, aujourd'hui si profondément oubliée, auprès de laquelle il semble que la guerre russo-turque de 1877 ait été comme une série d'égorgements bénins. Il est indiscutable que Jean Tzimiscès fut un sauveur, et le sauveur de combien de peuples ! Sviatoslav était pour Byzance la même menace et le même danger qu'Alaric pour Rome au cinquième siècle, et sa grande armée, la plus neuve, la plus intacte qu'il y eût au monde, était alors ce qui pouvait être imaginé de plus effrayant.

* Écrit en 1906.

« Écoutez cette description par un auteur
moderne, des bandes qui accompagnaient à
l'attaque de Constantinople, soixante années
auparavant, Oleg, le prédécesseur de Sviatoslav. Ce dénombrement (qui rappelle celui
de la *Légende des siècles*) pourrait s'appliquer tout aussi bien aux non moins redoutables bandes que Sviatoslav entraînait à sa
suite : « A côté des gigantesques fantassins
« scandinaves, les Varègues ou Russes propre-
« ment dits, les Tauroscytes des historiens
« byzantins, tout revêtus de fer, armés d'épées
« à deux mains et de la formidable hache à
« double tranchant, marchaient les Slaves ci-
« vilisés de Novgorod, de Smolensk et de Kiev,
« aux yeux bleus, aux cheveux blonds, armés
« de lances allemandes et de glaives damas-
« quinés; les Slaves sauvages des forêts, Drev-
« lianes, Radimitches, Tivertses et Khrobates,
« demi-nus, chaussés de sandales et balançant
« dans leurs mains des flèches empoisonnées
« ou le lasso de cuir avec lequel ils enlevaient
« leurs ennemis; les Finnois du lac Blanc et
« du haut Volga, au regard farouche, aux
« cheveux ardents, au teint d'un brun terreux,
« vêtus de peaux d'ours et portant sur leurs

« épaules de lourdes massues ; les cavaliers
« Tchoudes de la Finlande et de l'Esthonie, ca-
« racolant sur leurs petits chevaux et essayant,
« le long de la route, d'énormes arcs lapons ;
« les Biarmiens du golfe d'Arkhangel, fiers de
« leurs anneaux d'or et de leurs sabres turcs
« achetés aux Bulgares ; enfin, attirés par l'es-
« poir du gain, quelques Finnois Gvènes du
« lac Vléo, véritables géants redoutés pour leur
« force et leur sombre énergie et dont les que-
« relles séculaires avec les Scandinaves sont
« symbolisées dans la mythologie du Nord par
« les luttes des géants contre les Ases. »

L'élan de ces masses barbares était comme l'ébranlement des colonnes de l'enfer. « Les Varègues aussi bien que les Normands », dit Alfred Rambaud, « étonnèrent les peuples du Midi par leur bravoure téméraire et leur taille gigantesque ». « Ils étaient hauts comme les palmiers », disent les Arabes. Audacieux marins, admirables fantassins, les Varègues, différaient profondément des peuples cavaliers et nomades de la Rus-

sie méridionale, Hongrois, Khazars, Petchénègues, qui ne savaient combattre
qu'en fuyant. Les Russes, au dire de
Léon Diacre, qui les avait vus à l'œuvre
combattaient en masse compacte et pré-
sentaient comme une muraille d'airain,
hérissée de lances, resplendissant de
l'éclat des boucliers, d'où s'échappait une
clameur soutenue, un mugissement semblable à celui de la mer, le fameux
bardilus ou *barrilus* des Germains de
Tacite, ce terrible chant de guerre « qui
faisait mourir de peur jusqu'aux oiseaux
des cieux ». « Jamais, dans une défaite », dit
le même auteur, « on ne les a vus se rendre.
Quand ils désespéraient de la victoire, ils
se déchiraient eux-mêmes les entrailles. »

Enfin, leur multitude semblait innombrable. Mais, encore une fois, il y avait
Jean Tzimiscès qui eût pu dire, comme
Napoléon : « Cinquante mille hommes et
moi, cela fait cent cinquante mille
hommes. »

Averti par ses éclaireurs que les Russes

ont négligé de garder les passes dangereuses du Balkan, Jean voit d'un coup
d'œil tout l'événement de la guerre et
décide à l'instant de profiter, sans perdre
une heure, de cette faute énorme. Rapidement il communique ce dessein à ses
officiers frissonnants. Le Balkan était en
mauvaise renommée à Byzance. Son nom
rappelait des désastres effroyables. Nul
cependant n'est assez hardi pour contre-
dire l'autocrator dont l'assurance magna-
nime relève tous les courages. L'armée
s'ébranla tout entière. Ceci ressemble à
un rêve.

« En tête marchait la troupe des immortels, création de Jean Tzimiscès, cavalerie
fameuse qui allait se couvrir de gloire dans
cette guerre. Ce splendide corps d'élite, cette
sorte de phalange impériale avait été recrutée
avec soin parmi les jeunes nobles, parmi les
plus éprouvés et les plus intrépides soldats
des armées d'Anatolie... D'après quelques
mots de Léon Diacre, ce devait être un spec-

tacle extraordinaire que le passage de cette troupe éclatante, cuirassée, étincelante d'or et d'argent.

« Derrière s'avançait le Basileus entouré du plus brillant état-major. Il avait revêtu, nous dit le chroniqueur, une merveilleuse armure qui l'habillait admirablement de pied en cap... L'éblouissement des costumes et la richesse des armes étaient pour les chefs, à cette époque, un puissant moyen d'action sur les âmes simples de ces multitudes guerrières, aussi bien de ceux qui combattaient sous leurs ordres que de ceux qu'ils allaient combattre. Il fallait que le général, pour être sûrement obéi, apparût dans un rayonnement quasi divin, comme un être au-dessus de l'humanité, resplendissant des feux des métaux, reluisant des plus belles couleurs, comme une sorte de combattant surnaturel... Le magnifique cheval de Jean devait être couvert d'or, peut-être de soie, avec des pierres précieuses ou parfois des camées en guise de phalères. De loin le Basileus rutilait, sous le soleil du Balkan, comme un saint Georges légendaire. »

Trente mille guerriers suivaient ce magnifique et tout cela n'était qu'une avant garde.

Ainsi qu'il avait annoncé à ses lieutenants, le passage redouté se fit sans encombre. La montagne franchie et après quelques heures de repos, on marcha en colonnes serrées sur la grande Péréïaslavets, vieille capitale des tsars bulgares, place de guerre défendue par une notable partie de l'armée russe. Le siège commencé le mercredi saint, s'acheva, le lendemain, par l'extermination des assiégés.

A l'heure probable où Notre Seigneur Jésus-Christ prêt à souffrir la Passion, avait dit à ses Apôtres : « Ceci est mon corps, ceci est mon sang », il y eut dans la ville en flammes, 8.000 *corps* des fils géants de la steppe, couchés dans leur propre *sang*.

L'armée victorieuse se reposa le vendredi saint et les deux jours suivants, pour que le dimanche de Pâques, l'Empereur et ses soldats célébrassent, dans la basilique à demi ruinée de la vieille capitale bulgare, la fête de la Résurrection.

Mais il y avait presque tout à faire encore. Sviatoslav était à Dorystolon (Silistrie) sur le Danube avec 60.000 guerriers. Tzimiscès qui voulait que la Bulgarie fût le tombeau des Russes, avait fait remonter le Danube à sa flotte pour leur couper toute retraite, Dorystolon étant sur la rive droite de ce fleuve qui se nommait encore l'Ister *. Cette flotte était un monstre pour les Russes et c'était presque assez de sa vue pour les jeter dans le désespoir. La voie du salut et de la liberté par delà le Danube était maintenant définitivement enlevée à ces barbares.

* Léon Diacre nous apprend avec gravité que c'était un des fleuves qui descendaient du Paradis Terrestre, « celui qui avait nom Physon ». Sortant de l'Éden du côté de l'Orient, il rentrait bientôt sous terre, et, après avoir coulé quelque temps remontait bouillonnant à la surface, vers les monts Celtiques, d'où il roulait ses flots à travers l'Europe, pour se jeter par cinq embouchures dans le Pont-Euxin. Tel était, vers la fin du troisième quart du dixième siècle, l'état des connaissances géographiques d'un prêtre byzantin, un des plus érudits, des plus lettrés de son temps.

Aussi leur effroi semble-t-il avoir été extrême. Ils savaient que les flancs de ces navires recélaient le feu liquide, terreur de leur nation. « Dès leur enfance », dit Léon Diacre, « dans leurs huttes lointaines, tous avaient frissonné d'épouvante en entendant leurs pères raconter comment la flamme médique avait détruit dans le Pont-Euxin la foule immense des barques d'Igor, père de leur prince ».

« Pas une demeure russe qui n'eût perdu alors quelqu'un des siens brûlé ou noyé, et le soir, dans les veillées, au pays de Scythie, sur les hautes collines kiéviennes ou sur les basses rives des porogues sonores du vieux Dniéper, les vieillards décrivaient aux jeunes gens éperdus les brûlures terribles causées par le diabolique engin que nul ne pouvait éteindre, dont la flamme humide courait à la surface des eaux comme sur le corps nu des guerriers. On conçoit quel dut être l'émoi des soldats de Sviatoslav. Rappelant en hâte leurs barques éparses qui couvraient le cours du fleuve, leurs barques familières creusées chacune dans un

seul tronc d'arbre, si légères qu'on les portait à bras le long des rapides, ces monoxyles
fidèles qui leur avaient servi à venir de si loin,
descendant le cours de leurs fleuves nationaux,
ils les rassemblèrent probablement à sec sous
les murs de la ville, là où le Danube coulait
au pied du rempart. Du haut des créneaux ils
lancèrent constamment sur le fleuve une pluie
de flèches et de pierres, espérant empêcher
les vaisseaux byzantins de s'approcher assez
pour brûler ces barques demeurées malgré
tout leur unique espoir.

« Ainsi Dorystolon donnait, en ce printemps
de l'an 972, le formidable et curieux spectacle
de ces deux armées, de ces deux flottes si
dissemblables réunies sous ses murs. Peu de
grandes scènes militaires ont pu présenter un
intérêt plus poignant. Au centre, Silistrie avec
ses hauts remparts hérissés de tours peuplées
de défenseurs, avec ses rues, ses places couvertes de guerriers gigantesques au parler
rauque et sonore, guerriers étranges des glaces
de la Scythie, brutes effrayantes aux vêtements de mailles ; autour d'eux, des Petchénègues, des Hongrois, des Bulgares captifs,
« tous les peuples de la Horde », vêtus de

peaux de bêtes. Au sud le vaste camp de l'armée byzantine fourmillant de milliers de soldats de tant de races, le long scintillement de cette prodigieuse muraille de boucliers et de lances fichés en terre, les évolutions des cavaliers cataphractaires, les marches et contremarches des troupes de pied achevant l'investissement, les costumes superbes du Basileus et des chefs, l'éblouissante troupe des immortels. Au nord, le Danube sombre s'écoulant lentement dans sa large vallée, les barques russes par centaines, peut-être par milliers, serrées sur la rive comme un troupeau : plus loin, en un vaste demi-cercle, la flotte grecque ignifère avec ses pavillons de soie, ses voiles de couleur, les costumes de ses milliers de matelots, bloquant étroitement les monoxyles ennemis, les observant sans relâche pour leur barrer toute retraite. Au delà, la plaine infinie, nue et morne, jusqu'aux brumes de Scythie, et peut-être, au loin, quelque bande errante de cavaliers hongrois venus pour piller, attirés comme le vautour par l'odeur du carnage, contemplant étonnés, du haut de leurs maigres montures, ce spectacle inouï *. »

* Quoique pamphlétaire de profession, à ce qu'on as-

Ce nouveau siège dura plus de trois mois. Il y eut des combats homériques, des péripéties fort dangereuses. Un jour le mégalomartyr saint Théodore Stratilate en personne, l'un des deux saints militaires de ce nom surnommés les Calliniques, fut obligé d'intervenir pour donner la victoire aux Byzantins, car il est de notoriété que les orthodoxes pouvaient compter sur les secours du Paradis en cas d'extrême besoin, ce qui n'aurait certainement pas été possible à des chrétiens d'Occident qui obéissaient au Pape.

Les barbares durent se rendre, quitter toute arrogance, s'estimer heureux de ne pas être massacrés jusqu'au dernier et regagner péniblement, avec une aumône de pain donnée par le Basileus et quelques

sure, j'aurais peu d'estime pour moi-même, si je refusais mon admiration à cette page superbe qui me semble tout à fait de premier ordre. Mes lecteurs savent que je n'appartiens à personne et que je ne puis être en aucune manière le garçon d'applaudissement de Gustave Schlumberger dont je suis loin de partager toutes les vues et de qui je n'attends rien.

milliers de blessés, les bouches du Dniéper lointain où les Petchénègues man-
geurs de poux les achevèrent. Ainsi finit
cette guerre atroce à la grande gloire de
Tzimiscès qui triompha splendidement à
Constantinople.

La Russie qui venait à peine de naître
continua son destin qui paraissait être de
tout recevoir des Grecs, non seulement les
coups, mais ses lois, ses mœurs, son architecture, son autocratie, sa langue même
et surtout sa religion atrophiée dont elle
meurt depuis mille ans. On sait qu'en 989,
la princesse Anne, fille de Romain II et
sœur des deux basileis régnants, fut ma-
riée politiquement à l'effroyable Vladimir,
le fratricide bâtard aux huit cents concu-
bines, et que c'est ainsi que la Russie devint chrétienne, l'affreuse chrétienne qu'elle
est toujours.

« Hélas ! les histoires des pauvres princesses
sacrifiées à la raison d'État sont de tous les
temps, mais en est-il beaucoup dont le sort

paraisse plus lamentable ? Quel contraste tragique, infini, entre la brillante et douce existence de Constantinople et celle que la Porphyrogénète allait mener désormais !... Elle partait pour devenir l'épouse d'un chef féroce et débauché, adorateur d'idoles effrayantes, qui, certes, ne se convertirait que des lèvres à l'Évangile de paix. Elle allait régner, non sur une nation de chevaliers, de bourgeois, d'artisans et de prêtres, mais sur des populations sauvages aux mœurs violentes, aux passions uniquement guerrières, groupées dans des agglomérations de huttes sordides pompeusement décorées du nom de villes. Elle allait chez ces barbares terribles, « les plus sales « des hommes que Dieu a créés », comme s'écrie Ibn Fozlan qui les visita en l'an 922. »

Ils étaient les mêmes en 1814. Ils n'ont pas bougé depuis, et quelle folie d'espérer que ces Scythes maintenus dix siècles dans l'esclavage le plus abject, pour être tout à coup déchaînés, vont se gouverner sagement eux-mêmes, en baisant les mains

et les pieds d'un *autocrate constitution-
nel !* [*]

La guerre contre les Russes avait été
plus longue et plus difficile que ne pensait
Tzimiscès, à cause de la révolte concomi-
tante et imprévue de Bardas Phocas, neveu du basileus défunt Nicéphore. Cette
révolte promptement réprimée fut le commencement de ce prodigieux chassé-croisé
de faux empereurs se battant l'un contre
l'autre alternativement, qui dura près de
vingt ans, qui faillit ruiner l'Empire et
qui est une chose unique dans l'histoire.
Bardas Phocas, homme de guerre infiniment redoutable comme le dixième siècle
byzantin en a tant produits, était grand
seigneur en Cappadoce, vaste thème mon-
tagneux et central d'où tous les Phocas
étaient originaires. Il avait compté sur les
embarras immenses de la guerre russe et
la situation avait paru si grave au Palais
Sacré que le départ du Basileus et de l'armée vers le nord avait été contremandé.

[*] On est prié de se rappeler que ceci fut écrit en 1906.

Retard qui pouvait tout perdre et qui faisait la situation deux fois tragique.

Tzimiscès, heureusement, avait à opposer à ce rebelle un adversaire digne de lui, un autre Bardas qui venait précisément de vaincre les Russes dans un premier engagement d'avant-garde. Les coups d'épée de Bardas Skléros eussent étonné Richard Cœur-de-Lion lui-même si ce tranche-montagne de Ptolémaïs ou de Jaffa avait pu en être le témoin. Le duel fut court mais, par la volonté de l'Empereur, beaucoup plus politique que sanglant. En peu de jours, Bardas Skléros investi de pleins pouvoirs, muni de lettres impériales bullées de la bulle d'or et de brevets en blanc nommant aux dignités de stratigos, de patrice, etc..., réussit à débaucher les principaux adhérents de l'usurpateur. Celui-ci abandonné de presque tous est réduit à prendre la fuite et à se rendre bientôt après. Tzimiscès miséricordieux ordonna seulement qu'on le reléguât dans l'île de Chio avec sa famille. Châtiment bien doux et qui étonne d'un prince de Byzance.

Laissant la frontière septentrionale de la Bulgarie à la garde des farouches hérétiques Pauliciens transplantés là tout exprès et que notre historien a l'extrême bonté d'admirer, Tzimiscès put enfin reporter toutes ses pensées, toute sa guerrière énergie vers cet Orient sarrasin toujours gros de menaces, vers ces provinces de la haute Syrie, de la Phénicie du nord et de la Cilicie qui venaient à peine d'être reconquises par Nicéphore sur l'éternel ennemi musulman. Profondément humilié, celui-ci ne rêvait que vengeance, en Égypte, en Arabie, en Perse et dans toute la Syrie méridionale. Antioche même avait été insultée. Une armée romaine venait d'être exterminée sous les murs d'Amide qui est Diâr Bekir et ses chefs, au nombre de quarante, envoyés captifs à Bagdad où ils moururent. Il était temps que les infidèles sentissent de nouveau sur leur nuque la pesante main du Basileus de Roum.

« L'ennemi héréditaire venait en ce moment même d'acquérir une force nouvelle immense par l'établissement de l'empire du Fatimite Mouizz élevé sur les débris de la souveraineté des Ikhchidites. Les armées égyptiennes qui avaient à peine compté sous les plus récents basileis, étaient subitement devenues redoutables; elles pouvaient maintenant, d'un jour à l'autre, reprendre l'offensive de la guerre sainte, capables de lutter avec avantage contre les meilleures troupes impériales... Déjà elles étaient rentrées dans Damas. On ne pouvait sans un infini danger, laisser ainsi grandir et se rapprocher des frontières de l'Empire cette puissance nouvelle... Il fallait profiter de l'anarchie présente du Khalifat de Bagdad pour prévenir et empêcher dans cette cité, comme aussi à Alep, toute restauration d'un pouvoir fortement centralisé... A tout prix il fallait profiter de ce moment précis pour parfaire l'œuvre si vaillamment commencée par Nicéphore, pour abattre définitivement le Khalifat oriental moribond et tenter de faire de toute l'Asie musulmane une terre d'empire ou du moins une terre vassale. Jean Tzimiscès, dans ses belliqueuses veillées du Palais sacré, ne pensait à rien moins et, il faut le dire, cette politique de conquête hardie et immédiate lui était, en quelque sorte, imposée par les circonstances. Il n'y avait pas jusqu'à l'idée religieuse, si puissante à Byzance, qui ne l'y poussât avec la dernière vigueur. Jérusalem, la Cité sainte, but de l'ardent désir de tant de millions d'âmes pieuses, alors déjà centre de fervents pèlerinages, Cité unique vers laquelle tous les regards de la chrétienté étaient tournés, gémissait sous le joug cruel des lieutenants du Fatimite. Il semblait de toute nécessité qu'un basileus plein de piété, un empereur « philochrist », comme on disait à Byzance, accourût pour délivrer de ses chaînes la Ville du Sauveur. Tels étaient les pieux et glorieux projets que roulait dans sa tête l'héroïque Arménien couronné, vainqueur des Russes, dompteur des Bulgares. Ces projets, Nicéphore Phocas, non moins héroïque, les avait nourris avant lui... « Le dessein de Jean Tzimiscès », dit Lebeau, « prévint de plus de cent ans celui des « Croisades. »

Avant d'aller plus loin, écoutons la

plainte à peu près continuelle de Schlumberger sur l'aridité excessive des sources historiques pour le règne de Tzimiscès et surtout pour le règne de Basile II qui a suivi. « C'est », dit-il, « la période de toute pauvreté des sources, des lacunes sans fin, des ténèbres. Aucune expression ne saurait donner une juste idée d'une pareille disette de documents... J'ai dépouillé des centaines de volumes et de mémoires pour y chercher parfois un renseignement de trois lignes, le plus souvent pour n'y rien trouver. Ce minutieux travail de mosaïque m'a coûté un mal infini, des milliers et des milliers d'heures de travail. »

Il est certain que des événements immenses ont été complètement, je ne dis pas perdus, mais *cachés*, ce qui est plus ou moins affligeant. Cela dépend de ce que Dieu a mis au cœur et de l'idée qu'on se fait de l'histoire. On sait quelque chose pourtant. Il n'existe pas une période un peu longue dont on ne sache au moins quelques faits, ce qui est, si on veut, une espèce de miracle dans un tel engloutissement. Que serait-ce d'un siècle entier dont on ne saurait absolument rien? Que penser, par exemple, d'une histoire de France qui s'arrêterait brusquement, inexorablement, à Malplaquet pour ne reprendre qu'au retour des cendres de Napoléon, sans qu'il restât seulement la possibilité d'une hypothèse pour éclairer un pareil gouffre? Eh bien! cela ne changerait rien à la Vie divine qui est la seule histoire et cela ne changerait rien non plus à cette intangible certitude qu'étant des «images» de Dieu, nous sommes appelés à tout connaître. *Tout* ce qui s'est accompli sur la terre sera devant nos yeux quand il le faudra, devant nos vrais yeux invisibles et impérissables et ce sera un éblouissement du Paradis, d'apprendre enfin pourquoi certaines choses ne nous furent pas montrées. Il est probable que, chaque jour nous passons à côté de l'Arbre de la Science du bien et du mal, sans même le voir, et cela est assurément un inestimable bienfait. Cependant Dieu qui a pitié de nos âmes curieuses permet que quelques fruits aux trois quarts mangés des vers soient ramassés dans son ombre par des impatients tels que Schlumberger qui n'ont pas le courage d'attendre la vision béatifique, et c'est comme cela que cet historien a pu écrire d'énormes volumes, intéressants comme de beaux poèmes héroïques, sur Nicéphore, Tzimiscès et Basile II.

Il y eut deux grandes expéditions de Tzimiscès en Asie. On sait peu de chose de la première, sinon qu'il conduisit d'abord ses soldats en Arménie où il fit alliance avec le roi Pagratide, Aschod III, le Miséricordieux. Le récit de Mathieu d'Édesse n'est pas très clair et j'avoue n'avoir jamais pu, même avec le secours de Schlumberger, débrouiller quoi que ce soit dans ces affaires horriblement compliquées des rois ou dynastes arméniens et géorgiens qui préoccupèrent beaucoup les basiléis. Ce grand peuple facilement héroïque, mais toujours divisé et ingouvernable ressemble fort à la Pologne dont il a eu le cruel destin, ayant été dévoré à la fin par les Russes et par les Turcs, sans espoir de résurrection. J'ai mieux compris les belles gravures, reproductions nombreuses de photographies des ruines d'Ani, capitale jadis fameuse du roi des rois d'Arménie que le consciencieux historien de l'*Épopée* a visitée avec dévotion.

Les affaires d'Arménie réglées, je ne sais trop comment, Tzimiscès « pareil à un feu ardent », dit Mathieu d'Édesse, envahit la Mésopotamie.

« Ce fut, comme toujours, une destruction affreuse de ces malheureuses campagnes, une épouvantable dévastation. Il faut la richesse incroyable de ces terres bénies, inondées de soleil, pour expliquer qu'après tant de guerres d'extermination, ces provinces pussent encore, chaque année, nourrir leurs habitants. Il détruisit jusqu'aux fondements trois cents villes

et forteresses jusqu'aux confins de Bagdad...
Conquérant à nouveau la Mésopotamie du
nord, après l'avoir entièrement ravagée et
momentanément soumise, il voulut, lui aussi,
tenter cette aventure grandiose qui avait,
avant lui, séduit déjà bien d'autres basileis,
bien d'autres capitaines byzantins. Il résolut,
les sources, du moins, semblent l'indiquer,
de marcher sur cette opulente et mystérieuse
Bagdad, capitale du Khalifat oriental, centre
du monde musulman en Asie, cité presti-
gieuse, « jamais encore pillée », où s'amon-
celaient depuis plus de deux siècles qu'elle
avait été fondée par le Khalife Abou Djafar
Almansour, tous les trésors de l'Orient. L'ardent Basileus comprenait clairement quel
coup terrible il porterait à la puissance de Mahomet s'il réussissait à s'en emparer. »

Il n'avait, semble-t-il, qu'à étendre la
main. Pourquoi ne le fit-il pas ? Silence et
ténèbres.

« Jean Tzimiscès, laissant probablement
son armée dans ses cantonnements de Tarse

et d'Antioche, fit à Constantinople une entrée triomphale. Outre beaucoup de gloire, le Basileus revenait avec un immense butin. On porta devant lui « 3oo myriades », soit 3 millions de pièces d'or et d'argent monayé, « 3oo.ooo livres d'or et d'argent », dit Léon Diacre. Ce fut le second triomphe de ce règne, qui n'en était pourtant qu'à son aurore, triomphe splendide à travers les acclamations et les euphémies d'une population innombrable. Le cortège des captifs sarrasins, des métaux précieux, des étoffes tissées d'or, des parfums, des aromates, des armes orientales, fut d'une richesse infinie. Nous ne savons rien de plus. »

On serait peut-être encore plus mal renseigné sur la seconde expédition sans la trouvaille récente d'un document inestimable, une longue lettre authentique de Jean Tzimiscès à son allié, le souverain Pagratide d'Arménie. « Cette lettre impériale, abondante en faits inédits du plus vif intérêt, est un bulletin officiel aussi véridique que détaillé de la campagne de

975 en Syrie et des triomphes éclatants remportés par le Basileus et ses troupes fidèles sur les Musulmans, bulletin signé de ce grand nom lui-même. » Il faut le lire en entier. C'est comme une fenêtre miraculeuse sur le Paradis terrestre des historiens, c'est-à-dire sur les époques très obscures où nul ne peut pénétrer.

Par le moyen de ce document bienheureux, Schlumberger s'est efforcé de reconstituer exactement l'itinéraire de l'armée impériale en Syrie et en Palestine. Rapprochant ce véritable récit des quelques renseignements accessoires fournis par les chroniqueurs, on peut suivre, presque pas à pas, le conquérant depuis Membdj, l'antique Hiérapolis sur l'Euphrate et, passant par l'opulente Apamée, par Émèse, patrie d'Héliogabale, par Balbek aux ruines géantes jusqu'à la radieuse Damas, perle de l'Orient que ne purent prendre, cent soixante-dix ans plus tard, le roi de France et l'empereur d'Allemagne coalisés, mais dont l'émir, avant tout combat, vint livrer les clefs à l'irrésistible Basileus. « Il y avait beau temps qu'aucun empereur byzantin n'avait foulé du pied de son cheval de guerre les vertes campagnes de cette reine des villes de Syrie mollement étendue au delà de la montagne, parmi ses grands jardins. Même Nicéphore n'avait pu pousser aussi loin. » Pourquoi n'alla-t-on pas jusqu'à Jérusalem ? Même question que pour Bagdad et même réponse. Celle de Tzimiscès lui-même est par trop insuffisante. Voici ce qu'il écrivait au roi d'Arménie :

« De Damas, nous nous dirigeâmes vers le lac de Tibériade, là où Notre Seigneur Jésus-Christ, avec deux poissons et cinq pains d'orge, fit son miracle. Nous résolûmes d'assiéger la ville, mais les habitants vinrent nous annoncer leur soumission... Alors nous les avons laissés libres du joug de la servitude et nous nous sommes abstenus de ruiner leur ville et leur territoire. Nous leur avons épargné le pillage, parce que c'était la patrie des saints Apôtres. Il en a été de même de

Nazareth où la mère de Dieu, la sainte Vierge Marie, entendit de la bouche de l'ange, *la bonne Nouvelle.*

« Étant allés au mont Thabor, nous montâmes au lieu où le Christ, notre Dieu, fut transfiguré. Pendant que nous faisions halte, des gens vinrent à nous, de Ramleh et de Jérusalem, solliciter Notre Royauté et implorer notre merci. Ils nous demandèrent un chef, se reconnurent nos tributaires et consentirent à accepter notre domination ; nous leur accordâmes ce qu'ils souhaitaient. Notre désir était d'affranchir le saint Tombeau du Christ des outrages des Musulmans. Nous établîmes des chefs militaires dans tous les thèmes soumis par nous et devenus nos tributaires, à Bethsan, qui se nomme aussi Décapolis, à Génésareth et à Acre appelée également Ptolémaïs. Les habitants s'engagèrent par écrit à nous payer, chaque année, un tribut perpétuel et à vivre sous notre autorité. De là nous nous portâmes vers Césarée qui est située sur les bords de la mer Océane et qui fut réduite ; et si ces maudits Africains qui avaient établi là leur résidence, ne s'étaient pas réfugiés dans des forteresses du littoral, nous serions allés, soutenus par le secours de Dieu, dans la Cité sainte de Jérusalem et nous aurions pu prier dans ces lieux vénérés. »

Et c'est tout. L'armée victorieuse, tellement en vain, semble-t-il, remonte vers le Nord et l'assassin Tzimiscès, repoussé par Jésus-Christ, court accomplir son destin. Péripéties douloureuses et inexplicables dont l'histoire fourmille. On sait que Dieu est toujours adorable, mais comment le pénétrer ? Pourquoi ces interruptions brusques, ces avortements soudains ? La gloire d'un Tzimiscès ou d'un saint Louis, par exemple, a l'air de correspondre humblement à la Gloire divine et voilà que Dieu met tout par terre. C'est un gouffre où se perd la raison de l'homme. Tzimiscès était condamné depuis des siècles. Il mourut empoisonné, c'est infiniment probable et l'empoisonneur fut son ancien complice, le parakimomène Basile, ce démon d'activité et d'astuce qui l'avait tant aidé à devenir empereur. Tel est le tragique récit de Léon Diacre.

« Comme l'armée, traversant la Cilicie, passait aux environs d'Anazarbe et de Podandos, l'Empereur fut émerveillé de l'éclatant spectacle de ces fertiles campagnes, couvertes de troupeaux, riches de tous les biens de la nature, jadis possession de la couronne et dont la récente conquête venait de coûter tant de sang et de peine aux troupes impériales. A mesure qu'il s'informait des noms des propriétaires actuels de ces terres, on lui répondait invariablement qu'elles appartenaient au seul parakimomène. Le *proèdre* Basile était, comme presque tous les hommes d'État byzantins d'alors, un grand accapareur de biens nationaux, qu'il se faisait attribuer sous tous les prétextes, avec une brutale avidité. Nous ignorons du reste par suite de quelles usurpations le fameux ministre haï du peuple pour sa dureté, avait réussi à mettre la main sur de si beaux domaines, sans même que Jean s'en doutât.

« Toujours est-il que le vaillant homme de guerre qui n'avait plus pour l'eunuque tout-puissant les sentiments de jadis et qui songeait peut-être déjà à se priver de ses services, impatienté d'entendre son nom retentir à tout instant, finalement outré d'indignation ne put se retenir : « Hélas ! » s'écria-t-il, « faut-il que « le plus généreux sang de nos soldats ait été « versé vingt fois, faut-il que Nicéphore Pho- « cas et moi, avec les plus braves capitaines « de l'Empire, ayons livré tant de glorieux « combats, pour que le résultat de tant de fa- « tigues, de tant de maux, de l'épuisement de « tout un peuple, soit l'enrichissement d'un « vil eunuque ! Donc, pour l'intérêt de cet « homme, il faudra que les nations de l'Em- « pire se ruinent en contributions de guerre, « que les armées impériales combattent, que « les empereurs eux-mêmes partent en cam- « pagne et aillent exposer leurs jours par delà « les frontières ! Voici des terres admirables. « Les unes furent conquises par le glorieux « Nicéphore, d'autres par moi, d'autres en- « core par des chefs illustres et, maintenant, « il faut que toutes appartiennent au seul Ba- « sile. Tant de peines n'ont profité qu'à ce « misérable eunuque ! de tant de conquêtes « l'État n'a rien conservé pour lui ! »

« Paroles fatales qui devaient coûter la vie à ce noble empereur. Le terrible eunuque admirablement servi par ses espions, irrité et craignant une disgrâce, résolut, avec sa décision accoutumée, de prendre les devants... Un poison lent, mais sûr, fut versé à Tzimiscès. Dès le lendemain, pris d'une immense torpeur, il se trouva comme paralysé. Ses membres raidis refusaient tout service. Un feu intérieur consumait l'infortuné. Ses souffrances étaient atroces. Sa faiblesse devint subitement extrême. Des pustules affreuses, des bubons couvrirent ses épaules. Le sang lui sortait à flots par les yeux. Tous les remèdes furent inutiles. Sentant la mort venir, le malheureux dépêcha l'ordre d'achever précipitamment son tombeau. Entrée tragique à Constantinople. Au lieu de la réception superbe préparée avec tant d'amour, scène de deuil et de désespoir universels, affreuse agonie en plein triomphe. Enfin ayant tout donné, plein d'humilité et de contrition chrétiennes, il expira le 9 janvier 976, âgé de cinquante et un ans, après six ans et trente jours de règne. Ainsi finit, à la fleur de l'âge, le plus brillant, le plus brave, peut-être le meilleur parmi les basileus byzantins. »

Schlumberger qui s'est autrefois préparé à la critique historique par l'étude consciencieuse des sciences médicales, regarde ce « poison lent » comme une légende absurde. Il pencherait plutôt pour le typhus, mais il n'en répond pas sur sa tête. « Je laisse au lecteur le soin de trancher à son gré cette question obscure et difficile », dit-il en terminant. Voilà qui me console un peu de la mort du héros. Au fond Schlumberger est un homme qui aime à rire, comme tous les membres de l'Institut.

Mais le bel Arménien, une fois enterré dans son cher oratoire de la Chalcé, consacré au Christ Évergète, où il s'était fait construire un magnifique tombeau, tout n'était pas fini avec le parakimomène. Cet eunuque prétendait commander seul à tout l'Empire, en demeurant le tout-puissant ministre et le tuteur des jeunes empereurs Basile II et Constantin VIII. De fait, il parvint à se cramponner dix ans encore, c'est-à-dire jusqu'au jour où les griffes ayant achevé de pousser au Tueur de Bulgares, celui-ci l'éteignit d'un coup.

Voici maintenant le précis de l'étonnante histoire des deux Bardas. En 971, en pleine invasion des Russes, première révolte de Bardas Phocas promptement étouffée par Bardas Skléros, lieutenant et beau-frère de Tzimiscès. En 976, aussitôt après la désolante mort de cet empereur, première révolte, terrible celle-là, de Bardas Skléros, exaspéré par l'injustice et les mauvais traitements du parakimomène. « Longue vie à l'autocrator Bardas Skléros aimé de Dieu ! » clame toute l'Asie pendant trois ans, de l'Euphrate jusqu'au Bosphore. Tout semble perdu. Le parakimomène, à bout d'expédients, imagine de confier la répression de ce rebelle à celui-là même que Skléros avait si rapidement désarmé et déchaussé de la pourpre, cinq ans auparavant, à Bardas Phocas

retenu captif depuis lors et se rongeant le
cœur dans l'île de Chio.

« Le choix du ministre se trouva excellent. Bardas Phocas était bien digne d'être
opposé à Skléros. Quel étrange retour et
comme ces faits, hélas ! si sèchement, si briè-
vement racontés par les chroniqueurs, illus-
trent curieusement cette histoire de Byzance,
si fertile en étourdissants changements de
fortune ! Par un jeu du sort nullement rare à
cette époque, ces deux illustres personnages
avaient, à sept ans de distance, exactement
changé de rôle. En 971, Bardas Phocas était le
rebelle prétendant à l'Empire et Skléros était,
au nom du Basileus, chargé de le réduire. En
978, c'était précisément l'inverse. »

Phocas, horriblement battu deux fois
par Skléros, finit par le battre une troisième fois par l'entremise du puissant
Curopalate d'Ibérie qui lui avait fourni
un contingent d'admirables troupes.
C'était environ le temps où l'empereur
Otton II d'Allemagne ravageait la France

« avec une armée telle, qu'aucun homme de ce temps n'en avait vu auparavant [ou n'en a vu depuis de semblable », faisait chanter sur Montmartre à ses soixante mille guerriers un *alleluia* gigantesque et enfonçait sa lance en guise de défi dans la porte de la capitale du roi Lother.

Après la déroute irréparable de Pankalia, dans le thème occidental des Anatoliques, fuite ventre à terre du prétendant éperdu, à travers l'Asie Mineure, par delà le Sangarios, par delà l'Halys, par delà l'Euphrate, enfin à Bagdad où il est sept ans prisonnier du Khalife. « L'indiction huitième va du 1er septembre 979 au 31 août 980, période qui correspond à la première partie de la captivité de Bardas Skléros à Bagdad, d'après les dates données par Elmacin. Le bouleversement causé par [l'affreuse révolte de Bardas Skléros avait donc duré largement quatre ans, depuis le printemps de l'an 976 (jusqu'à l'été de l'an 980. Pendant cette longue période, les malheureux thèmes d'Asie avaient été presque constamment en proie à la plus affreuse anarchie. »

L'indifférence de ces grands du dixième siècle pour le mal infini qu'ils faisaient à leurs contemporains, leur manque absolu de ce que nous appelons le patriotisme est inconcevable pour des hommes nés au dix-neuvième siècle, avant les automobiles. Il est certain que des ambitieux tels que ces chiens de Bardas ne pensèrent jamais aux vies humaines sans nombre sacrifiées à leur galeuse démangeaison de la toute-puissance. L'unique mal c'était de n'être pas empereur.

Dans un poème contemporain, la guerre fratricide des deux Bardas est comparée à la lutte des géants. Voilà toute l'horreur qu'ils inspirent. Ni l'un ni l'autre, d'ailleurs, ne parvint au trône, et cette sédition alternée qui assassinait l'Empire et avait pour assistants tous les démons ne dura pas moins de dix-huit ans !

Plaçons ici un autre gémissement de Schlumberger :

« Les sources d'origine tant byzantine qu'arabe qui nous fournissent des indications relativement assez nombreuses sur la première révolte de Bardas Skléros, durant les quatre premières années de Basile II et de Constantin VIII, deviennent d'une pauvreté véritablement désespérante pour les années immédiatement consécutives, depuis la fin de 980 jusqu'au printemps de 986, époque de la première grande campagne contre les Bulgares. De ce qui se passa durant cette période de près de six ans dans la capitale et dans les thèmes tant d'Occident que d'Orient, de la manière dont les jeunes basileis, leur ministre le parakimomène et leurs peuples vécurent, des événements grands ou petits qui survinrent, nous ne savons rien ou presque rien !... L'histoire de l'empire de Roum est bien plus pauvre encore en documents que celle des monarchies de l'Europe occidentale pour cette époque déshéritée, encore si inconnue, de la fin du dixième siècle... »

Bardas Skléros, mis en liberté en 987, n'eut rien de plus pressé, bien entendu, que d'utiliser le désastre tout récent de l'armée impériale par les Bulgares au défilé de la porte de Trajan, pour se faire proclamer basileus derechef et telle fut sa seconde révolte, si on peut dire qu'il eût jamais cessé d'être un révolté. Cela se passait à Malatya, extrême frontière de la Mésopotamie. A peine quelques mois plus tard, même scène à Charsian, non loin de Césarée de Cappadoce où l'attachement aux Phocas était héréditaire. Cela faisait maintenant deux basileis rien qu'en Asie et deux autres au Palais sacré*. Bardas Phocas, de nouveau déchaîné contre Bardas Skleros par l'effroi de Constantinople, se faisait, pour la seconde fois, lui aussi, proclamer par les chefs de l'armée d'Asie. Cela au mépris des ser-

---

* Un peu auparavant, au commencement de juillet, dans la belle cathédrale de Noyon, l'archevêque Adalbéron de Reims avait posé sur le front de Hugues Capet, duc de France, cette couronne royale qui échappait à la race défaillante de Charlemagne et que ses descendants à lui devaient se transmettre à travers tant de siècles. Le dernier roi franc de la race carolingienne, Louis V, était mort à Senlis le 21 mai 987.

ments les plus redoutables sur les reliques les plus insignes. Lors de la première prise d'armes de Skléros, il avait dû déjà prêter les mêmes serments, sous la menace des plus affreux châtiments de l'enfer en cas de parjure. Notre historien se demande « ce dont il faut le plus s'étonner, de cette perpétuelle duplicité de tous, de l'ardente ambition de ces capitaines constamment occupés à viser le pouvoir suprême, ou de la naïveté des temps qui supposait encore quelque valeur à ces serments d'un jour constamment renouvelés, toujours transgressés à nouveau » [*].

Comment Skléros, qui était déjà un

---

[*] La forme de cette auto-consultation m'avertit que l'auteur ne croit pas le moins du monde à la vertu des Reliques. Forcé d'y croire, puisque je suis chrétien, je déclare *naïvement* que je juge terribles, en effet, les serments dont il est ici question. Terribles en soi, sans égard aux transgresseurs. Il faut l'énorme affaiblissement de la raison procuré par l'hérésie pour qu'il soit devenu si difficile de discerner aujourd'hui *l'accident* de la *substance*!... Si Gustave Schlumberger avait pu renoncer pour l'amour de l'histoire à certaines habitudes d'esprit, il aurait peut-être trouvé, en cet endroit, une explication de la mystérieuse mort de Bardas Phocas.

assez vieux fauve, se laissa-t-il prendre à la ruse infiniment grossière de son ennemi qui lui proposa de s'unir pour combattre ensemble les jeunes empereurs, offrant en cas de victoire, de lui abandonner toute l'Asie, tandis que lui conserverait Constantinople et les thèmes d'Europe ?

Phocas, qui semble lui avoir été fort supérieur en astuce, le fit enlever par surprise et cadenasser dans une forteresse héréditaire de sa famille où lui-même — singulier retour de fortune ! — assiégé en 971, avait été forcé de se rendre au même Skléros, maintenant tombé à son tour entre ses griffes par la plus odieuse trahison.

Le dénouement est proche. Tout éternel qu'il est, Dieu semble en avoir assez, aussi bien que les hommes. Phocas le perfide, sûr du triomphe, marche vers le Bosphore suivi d'une puissante armée. « Toute l'Asie », dit Léon Diacre, « toutes les villes maritimes et les ports appartenaient à Phocas, sauf Abydos. Ayant réuni une foule de galères, il tenait par elles les passes de l'Hellespont, barrant la route aux navires chargés de grains pour l'approvisionnement de la capitale. »

« La situation de la dynastie macédonienne sembla presque désespérée. En Asie Bardas Phocas était vraiment tout-puissant. Ses troupes, non contentes de bloquer les faubourgs de Constantinople, serraient de près la dernière ville demeurée aux mains des impériaux, sur la rive méridionale des détroits, affamant ainsi la ville immense. En Europe, les Bulgares, complètement victorieux à la suite de la catastrophe de l'an précédent, occupaient une grande partie des thèmes et menaçaient tous les autres. De ces deux périls, Bardas Phocas était certainement le plus pressant... »

Le jeune basileus Basile, le futur Bulgaroctone, sauva Byzance par sa décision et son admirable promptitude. Il sut appeler et amener à temps à Constantinople les premiers guerriers du monde, ayant pris à sa solde les meilleures bandes du Grand Prince de Russie, Vladimir, sauvage fils de Sviatostav. Secours acheté par le sacrifice plus ou moins volontaire de la pauvre princesse Anne, sœur des Basileis, à l'horrible Vladimir, mariage infiniment triste qui fut l'occasion déplorable de la conversion des Russes au schisme des Grecs.

L'événement inouï de la plaine d'Abydos inutilisa en partie cette main-forte payée si cher. Les deux armées étaient en présence depuis quelques jours. Le prétendant, exaspéré déjà par un premier échec, apercevant Basile qui galopait devant le front de ses troupes, les animant au combat, fut transporté d'une fureur qui le fit semblable à un possédé. « Estimant », dit le chroniqueur, « que s'il pouvait tuer celui-là, il aurait facilement raison de ceux qui le suivaient, préférant du reste une mort glorieuse à la honte d'une défaite », cet homme congestionné de rage, rendu fou et empoisonné par ses sacrilèges serments, décida d'en finir en une seule fois ou de mourir. Un grand espace vide les séparait. D'un galop furieux qu'il semblait que rien ne pût arrêter, pareil à celui des « nuées poussées par un vent d'orage », il se précipita vers l'Empereur. Il allait l'atteindre lorsqu'on le vit soudain, à l'étonnement indescriptible de tous, tourner sur lui-même comme pris de vertige, faire faire volte-face à son cheval, gravir au galop une éminence, puis descendre à terre et se coucher sur le sol pour y expirer aussitôt. Zonaras affirme qu'on ne releva sur son corps aucune trace de blessure, circonstance qui donna lieu à des hypothèses infinies.

La guerre civile eût été terminée du coup sans l'éternel Skléros remis en liberté par la veuve de Phocas pour qu'il vengeât son mari. Cet infatigable vieillard, groupant autour de lui les débris très redoutables encore de l'armée dispersée de son rival, adopta, en capitaine consommé, une tactique nouvelle et désespérante.

« Se refusant obstinément à livrer bataille »,
raconte Psellus, « évitant avec un soin extrême
toute rencontre avec le gros des forces impériales, incessamment occupé de recruter des
partisans, de grossir ses bandes, il fit à Basile
et à ses lieutenants, une guerre de partisans,
détruisant tout trafic en Anatolie, empêchant
le ravitaillement de Constantinople, arrêtant
les navires chargés de blé, coupant par des
fossés et d'autres ouvrages toutes les routes
conduisant à la capitale, interceptant tous les
convois de subsistances expédiés sur l'ordre
des basileis par bêtes de somme, tant convois
réguliers que convois extraordinaires.

« Et cette guerre si fatigante et si ruineuse,
Skléros, après l'avoir inaugurée dans l'été de
987, loin de la discontinuer au bout de peu
de temps, la poursuivit durant des années.
Telle était l'influence extraordinaire qu'il
exerçait sur les siens, qu'ils lui demeurèrent
passionnément attachés à travers ses san-
glantes péripéties. Jamais il n'y eut de dé-
sertions parmi eux, malgré ce qu'on put imaginer pour amener ce résultat, tant il s'entendait merveilleusement à les séduire par
sa rude et active bonté, à les retenir par

ses largesses, à les maintenir tous en parfaite harmonie, vivant avec eux en camarade,
prenant ses repas avec eux, buvant au même
verre, habile à les interpeller chacun par son
nom, ne leur parlant jamais qu'avec bienveillance. »

Attaquée en occident par les Bulgares
qui venaient de prendre Berrhœa, faubourg
de Thessalonique et au nord par Vladimir
qui venait de s'emparer de Cherson, en
représailles du retard de sa fiancée, la
détresse de la dynastie macédonienne de-
venait inexprimable. A quelque prix que
ce fût, il fallait en finir avec Skléros.
« Cesse de verser le sang chrétien », man-
dait l'Empereur à son ancien lieutenant,
par la bouche de chacun de ses envoyés,
« reviens à la raison, accepte-moi pour
ton seigneur et maître désigné par le Tout-
Puissant. » L'heure vint où le prétendant
découragé, inquiet de l'avenir, sentant la
vieillesse l'accabler, cessa de résister à
ses messages. Il obtint alors grâce entière

pour lui et ses adhérents. Renonçant formellement au titre de basileus, l'Empereur lui accorda en compensation la dignité alors infiniment prisée de Curopalate. Il y eut une entrevue solennelle et dramatique, si toutefois le mot d'entrevue convient ici. Le vieux Skléros était devenu aveugle subitement.

Basile, du haut du trône impérial vit venir à lui, cheminant, courbé par l'âge, très grand, très gros, pesant et infirme, cet homme extraordinaire qui, durant tant d'années, avait secoué, comme un tremblement de terre, Constantinople et tout l'Empire. « Voilà donc », dit-il, « celui que j'ai tant redouté ! il vient à moi en suppliant, on le conduit par la main. » Se levant devant le vieillard qui baisait la terre, il lui tendit la main et s'entretint avec lui. « Skléros », dit Psellus, « plaida la cause de sa longue rébellion, en expliqua les motifs et pourquoi aussi il avait fait sa soumission. Basile écouta avec une sorte de déférence, mettant sur le compte de la volonté divine cette longue succession d'événements et de calamités.

Le Basileus demanda à son interlocuteur son avis de grand chef militaire sur le meilleur mode de gouvernement personnel, en particulier sur le moyen d'éviter, dans l'avenir, de nouvelles révoltes de grands feudataires comme celles qui, si longtemps, venaient d'ensanglanter les thèmes d'Asie. « La réponse de Skléros », dit Psellus, « fut, non celle d'un capitaine ayant commandé en chef les armées impériales, mais celle d'un *Panurge* (Πανοῦργος). Il conseilla à Basile de ne tolérer à aucun prix de fonctionnaires trop puissants dans l'Empire, de ne permettre à aucun des principaux chefs militaires de posséder de grandes richesses, de les accabler tous incessamment des exactions les plus arbitraires,... de les empêcher ainsi de devenir puissants ou dangereux ; de ne tolérer aucune influence féminine au Palais, sacré, de ne se montrer bon prince avec qui que ce fût, surtout de ne communiquer ses desseins qu'au plus petit nombre. »

Toute la politique subséquente de Basile II prouve que ses avis, de moralité douteuse, mais d'une grande utilité pratique, ne furent pas oubliés.

Bardas Skléros mourut bientôt après cette réconciliation. Telle est, résumée tant bien que mal, l'histoire des deux Bardas qui me paraît sans analogue depuis que les hommes cherchent — en pleurant et en égorgeant leurs frères — le chemin du Paradis perdu.

Le règne effectif de Basile II avait commencé depuis quatre ans. Son premier acte d'énergie impériale, acte soudain, tout à fait inattendu, avait été de se débarrasser du Parakimomène.

« Lorsque Jean Tzimiscès mourut, Basile, malgré ses beaux dons naturels, son intelligence si vive, son âme active, énergique et courageuse, n'était encore, semble-t-il, au dire des Skylitzès, des Cédrenus, des Zonaras, qu'un adolescent fantasque et volontaire, violemment adonné au plaisir, sans frein comme sans morale, uniquement occupé des distractions coupables ou désordonnées de son âge. Rien de ce qui devait être le grand basileus de plus tard ne s'était encore révélé. Le chambellan, cet ambitieux sans scrupules, toujours d'après les chroniqueurs, aurait profité de ce triste état de choses pour le rendre pire et accaparer un long temps encore la toute-puissance... Pour assouvir la soif de pouvoir qui le dévorait, il n'aurait pas hésité, affirment ses historiens, à tenter de corrompre à jamais Basile, « à enchaîner », dit naïvement Lebeau, « ce jeune lion par la volupté », à le plonger dans toutes les débauches. Plus tard seulement, à l'explosion de la grande guerre bulgare, Basile II, comme subitement éclairé sur ses devoirs de souverain, se serait révélé soudain, jetant par-dessus bord le premier ministre, déconcerté par ce brusque réveil. »

En un instant, le jeune souverain transformé décida d'enlever au chambellan fameux, si puissant sous quatre empereurs, toute espèce d'autorité. Et il le fit sans égards aucuns, sans le moindre ménagement, cruellement, avec une simplicité brutale, à la stupéfaction de tous. Au lieu de lui demander sa démission, il le chassa du Palais, le mettant aux arrêts dans sa demeure, avec défense expresse d'en sortir. Presque aussitôt il l'embarqua de force et l'exila, dépouillé de ses biens immenses, larmes et sang d'un million de pauvres, inondé d'ignominie. Incapable de se consoler d'une telle chute, le désespéré chambellan ne tarda pas à succomber[*].

---

[*] A ce propos, Schlumberger, qui paraît avoir décidément du goût pour l'Allemagne contemporaine, fait intervenir, avec sobriété, j'en conviens, une bien malheureuse assimilation. « Il se passa », dit-il, « entre ces deux hommes ce que nous avons vu, de nos jours, se passer au cours d'une disgrâce *autrement* illustre ». AUTREMENT ! ? Et un peu plus loin « ... Cette tragédie de Palais qui en rappelle de si près une autre toute récente où un homme d'État, longtemps tout-puissant, a été aisément déposé et brisé par un jeune et fougueux empereur impatient de régner seul. » *Durus est hic sermo*, est-il dit dans l'Evangile de saint Jean. A l'extrême rigueur, j'accepterais Bismarck en regard de l'eunuque chambellan Basile, bien que j'aie peu d'admiration pour ce Prussien dont l'œuvre de brute est déjà morte et pourrie. Mais Guillaume II le Cabotin comparé au Bulgaroctone, les moustaches de cet imbécile dégénéré aperçues, le long d'un éclair, dans l'ambiance de cet Anni-

Le nouveau maître avait environ vingt-huit ans. A partir de son premier geste impérial, Byzance en eut pour quarante ans à ne connaître que l'autocratie absolue exercée par la volonté inflexible d'un des hommes les plus entiers qu'il y ait jamais eus. La vaste étendue de l'Empire grec, à cette époque, est une difficulté immense pour l'historien. Si les ténèbres déjà très denses résultant de la pénurie documentaire sont aggravées encore par l'obscurité intérieure de celui qui devrait les dissiper, on ne voit plus très bien où peut-être situé le remède. Telle est malheureusement la situation procurée par Schlumberger, quand il parle de l'extrême Occident byzantin, c'est-à-dire des pauvres thèmes de Longobardie et de Calabre toujours sacrifiés, toujours exposés aux plus affreuses violences des Allemands ou des Sarrasins, en attendant les aventuriers de Normandie,

bal septuagénaire et invaincu ! C'est à faire beugler ou rugir, suivant l'espèce.

continuellement revendiqués par les uns
ou par les autres. Il est bien forcé alors
de parler des Papes dont la fonction sur-
naturelle ou supra-historique lui est in-
croyablement cachée. Il a cela en commun,
hélas ! avec presque tous les historiens
modernes. Cela contente les instituts et
les cuistres universitaires, mais cela ne
contente pas les âmes profondes.

Je reconnais qu'il est difficile de tirer
au clair, ne fût-ce qu'un peu, toutes ces
horribles affaires de Guelfes et de Gibe-
lins commençant alors et qui ont duré des
siècles, et je reconnais aussi que Schlumberger ne se pique pas de les débrouiller.
Mais tout de même, son ignorance ou sa
méconnaissance de la Primauté indiscutable et constamment miraculeuse du Vicaire de Jésus-Christ le rend trop insuffi-
sant. A la réserve de quelques épisodes
qu'on pourrait croire purement grecs, tels
que le sauvetage romanesque de l'empereur allemand Otton II, après le désastre
de Stilo ; ou le mariage, avec le succes-

seur de Charlemagne, de la porphyrogénète Théophano, fille de la Basilissa
éblouissante et prostituée ; ou bien l'histoire amphibie de saint Nil, moitié orthodoxe et moitié latin ; — on serait autorisé
à supposer que cet amoureux de Byzance
a quelque chose contre la rivale maison
de Saxe et que les trois Otton le déso-
rientent, lui troublent tout à fait la vue.
Impossible de les omettre, cependant.
Alors, Guelfe et Gibelin tout à la fois, ou
plutôt ni l'un ni l'autre, en vrai byzantin,
il tombe sur les Papes forcés ainsi de payer
en même temps pour l'Orient et pour
l'Occident, comme il convient aux Vicaires
du Rédempteur.

Les chapitres sur l'Italie sont décevants
pour les amateurs du scrupule historique ordinairement pratiqué par Gustave
Schlumberger et surtout pour ceux, beaucoup plus rares, qui savent l'aînesse infinie, œcuménique, des Papes, dans les
pénombres ou dans les clartés. Exemple :

« Avec l'infortuné Otton II, mort sans avoir pu tirer vengeance des Sarrasins d'Afrique, s'évanouit à jamais la gloire de la maison de Saxe, la plus puissante du monde à cette époque. Le sceptre des empereurs tombait aux mains d'un enfant, le petit Otton III, son fils unique. Les Byzantins triomphaient. Si leurs jeunes basileis eussent été matériellement en état d'utiliser à ce moment la grande victoire de l'Islam à Stilo et la mort d'Otton, l'Empire d'Orient eût peut-être réussi comme l'a fort bien dit Grégorovius, à réinstaller, pour un long temps, ses exarques à Ravenne, et à Rome des *Papes de son choix*.

Schlumberger a tellement lu qu'il croit qu'on *choisit* les Papes ! Il le croit tellement qu'il ose écrire que « les Papes ne jouissaient pas du moindre libre arbitre sous la main de fer des empereurs transalpins ». Il est même parlé, page 204, de Benoît VI, *élu par la peur*. « Les simples », dit-il, « ont toujours aimé le surnaturel. » Il a pris un tel soin de l'élaguer que les personnes raisonnables feront bien de renoncer à découvrir en cet historien la ressemblance la plus fugitive avec les colombes évangéliques. « Rossano avait seule échappé aux désastres de la Calabre *grâce* à la force de ses murailles, *plutôt* qu'à la protection de la Panagia. » Habituellement il nomme *renégat* un mahométan devenu chrétien, ce qui implique dans sa pensée l'inexistence de la Vérité. C'était l'opinion de Pilate qui LA voyait face à face. Il estime que les Arabes montraient plus de tolérance que les chrétiens. Sans doute, puisqu'ils étaient l'erreur. La vérité *ne peut pas* être tolérante. Seulement il faudrait croire qu'elle existe en chair et en os et qu'on peut la crucifier. Je ne finirais pas si je citais tout. L'histoire de saint Nil où il a puisé d'utiles informations et qu'il raconte presque entièrement est curieuse, écrite par un homme qui ne croit pas au surnaturel. Avec la meilleure foi du monde, croyant le louer, il le montre, souvent, haïssable. Je veux parler de l'épisode, certainement apocryphe, de son disciple, saint Stéphano, injurié et rossé par lui, du matin au soir, jusqu'à la mort. Je veux parler surtout de l'étrange argumentation de ce prétendu saint ne voulant pas qu'on rachetât les captifs : « Si Dieu ne voyait pas le bien des pécheurs dans les souffrances de ces captivités, il ne les tolérerait pas. Donc il ne faut pas chercher à les empêcher. »

Tant que je peux, je recommande la lecture de l'*Épopée* à ceux qui veulent connaître la Byzance du dixième siècle, mais avec cette réserve très formelle qu'il leur faut d'avance quitter tout espoir d'être éclairé sur les affaires religieuses. A cet égard, Schlumberger paraît avoir mis en pratique, scrupuleusement, ce qu'on pourrait appeler *le secret professionnel des historiens*.

III

BASILE II
LE TUEUR DE BULGARES

Après Tzimiscès et le désordre inouï
procuré, vingt ans, par les deux Bardas ;
après que Basile II, légitime héritier de la
maison de Macédoine et devenu tout à
fait un homme, se fut emparé avec force
du pouvoir suprême pour le garder au
creux de sa main, pendant deux générations, sans nul partage, — on a la sensation
d'une vaste voie romaine, parfaitement
droite et bordée de sépultures, allant à
l'extrémité du monde, comme sous Trajan.

Certes, il n'y a jamais eu de prince qui
ait autant configuré à lui-même le temps
où il vécut, ni qui ait fait autant captifs
ses contemporains dans un plus grandiose
cœur. Il n'y en a pas qui les ait, bon gré,

mal gré, ramassés autant et *aussi longtemps,* tout autour de lui, pour caler son
trône formidable. Les exemples trop ar-
borés d'Auguste ou de Louis XIV n'ont
ici aucune valeur. Ces mendiants célèbres
et si médiocres vécurent exclusivement
d'aumônes, n'ayant rien à offrir à leurs
bienfaiteurs, aux grands hommes qui les
illustraient, qu'une ingratitude monar-
chique. Basile II fut *seul* et voulut être
seul jusqu'à la mort. Son misérable frère
Constantin VIII, assis à côté de lui sur la
même chaise d'ivoire dans un fond d'or,
mais uniquement occupé de ses plaisirs
ne compta pas un seul jour. Au sens
grec, Basile fut *moine* de la toute-puissance. Il n'eut ni femme ni enfants ; du
moins il n'a pas été possible de lui en découvrir. Et il voulut toujours la même
chose, ce qui est la plus grande force du
monde, celle qui fait le plus ressembler
un homme à un dieu. La culture intellec-
tuelle ne fut pas favorisée par lui ; au contraire il la méprisa, découragea, persifla,

comme eût pu le faire Napoléon. Oui, Napoléon. Et il est remarquable que la haine de Basile pour les lettres ait été punie précisément par le silence. A l'exception du fameux Psellus, polygraphe surnommé le Voltaire du onzième siècle, qui ne connut pas ce multiple effrayant et anticipé de Charles XII et qui ne put en parler que de seconde ou troisième main, il est trop certain que les historiens ou les poètes ont manqué infiniment au Tueur de Bulgares et que les neuf dixièmes de ses prodigieuses guerres ne nous seront visibles que dans la lumière de Dieu. Cependant j'ai nommé le surhumain Napoléon et il faudrait quelque chose de plus. Voici, pour justifier l'audacieuse comparaison, une page bien extraordinaire de Psellus :

« Une des particularités de Basile était de ne tenir aucun compte de la coutume traditionnelle qu'on a eue de tout temps de limiter à certaines saisons les époques favorables à faire campagne. Dédaigneux de ne partir en guerre qu'au milieu du printemps, pour regagner les cantonnements d'hiver dès la fin de l'été, comme l'avaient constamment fait tous les basileis, ses prédécesseurs, *il avait coutume de plier les saisons aux exigences du but qu'il poursuivait dans ses expéditions*. Il supportait sans se plaindre le froid le plus vif comme les plus brûlantes chaleurs. Véritablement c'était un homme de fer. Jamais, même mourant de soif, on ne le vit se précipiter avidement vers la source désirée. Toujours il sut se vaincre. *Il possédait à fond toute science militaire*, étant non seulement instruit parfaitement de tout ce qu'il importait à un chef de connaître, mais également bien informé sur les devoirs et les fonctions d'un sous-officier, voire d'un simple soldat. Il s'entendait admirablement à mettre chacun à la place qui lui convenait, à tirer parti des aptitudes de chacun. Cette connaissance si parfaite de l'art de la guerre était le double produit de ses immenses lectures et d'une sorte de science innée qui l'aidait à ne point faiblir. *Il aimait à combattre en bataille rangée*. Détestant toutefois de laisser le champ libre au hasard, préoccupé de s'assurer contre les chances du sort, il ne dédaignait point d'avoir recours aux ruses, aux embuscades, à tous les artifices de la guerre. Son principe favori de tactique était qu'il ne fallait jamais *rompre l'ordre de bataille*. Pour lui c'était le secret de la victoire, la recette suprême qui rendrait ses légions à jamais invincibles, inaccessibles à la déroute. Une fois que chaque soldat, chaque cohorte, chaque bataillon avait pris son ordre de combat, il ne permettait à qui que ce fût de s'en écarter, fût-ce pour se précipiter sur l'ennemi, à moins de nécessité absolue, et punissait avec la dernière rigueur, en le chassant de l'armée au lieu de le récompenser, l'audacieux qui, impatient de la consigne donnée, se serait précipité de son propre mouvement sur l'ennemi et l'aurait mis en déroute. Quand cette discipline si inflexiblement rigoureuse faisait murmurer ses soldats, il avait coutume de leur dire en souriant dans le plus grand calme, qu'il *ne voyait pas d'autre moyen pour eux comme pour lui d'en arriver à ne plus être forcés de faire la guerre.* Il avait comme une double nature qui le rendait propre à la fois aux travaux des armes et aux occupations de la paix. Pour mieux dire, *il était plus ingénieux dans la guerre, plus impérial dans la paix.* Lorsque quelqu'un de ses subordonnés avait commis en campagne une faute grave, il savait admirablement dissimuler sa colère, la couver en son cœur comme sous la cendre, pour pouvoir mieux, une fois de retour au Palais sacré, châtier le coupable avec la dernière rigueur. Bien qu'il fût d'habitude fort dur, inaccessible à la pitié, il savait au besoin s'adoucir et pardonner les fautes dont on parvenait à lui faire apprécier les circonstances atténuantes. Une fois qu'il avait pris une décision, décision souvent très lentement préparée, aucune force humaine ne lui eût fait changer d'avis. Jamais son attitude ne se modifiait à l'égard de ceux auxquels il voulait du bien, à moins que ce ne fût par leur faute. Toujours il se décidait de lui-même, comme *poussé par une force supérieure* *. »

---

* « Vous craignez la guerre pour mes jours ? C'est ainsi qu'au temps des conspirations on voulait m'effrayer de Georges : il se trouvait partout sur mes pas , ce misérable devait tirer sur moi. Eh bien! il aurait tué mon aide de camp, tout au plus : mais me tuer, moi, c'était impossible! avais-je donc accompli les volontés du destin ? Je

Nous sommes en 989, année effroyable. Énumération de Schlumberger : Guerre contre Bardas Phocas, guerre contre Bardas Skléros, guerre contre les Russes qui prennent Cherson, guerre contre les Bulgares qui prennent Berrhœa, guerre contre les Ibères, insurrections à Antioche. A tant de misères s'ajoutent les calamités célestes. L'hiver fut atroce. La glace recouvrit toutes les rivières, les lacs, la mer elle-même. Le tremblement de terre du 25 octobre fut un des plus terribles dont les annales byzantines aient conservé la mémoire.

La première campagne de Bulgarie, commandée par l'Empereur en personne, avait été un désastre. Sous peine de mort pour tout l'Empire, il fallait dompter cette nation féroce. « Lorsque les Bulgares », raconte un anonyme, « se furent soulevés contre le peuple romain, ils ravagèrent

me sens *poussé* vers un but que je ne connais pas : quand je l'aurai atteint, un atome suffira pour m'abattre. Jusque-là tous les efforts humains ne pourront rien contre moi. » SÉGUR, *Napoléon en 1812*, L. II, chap. II.

toute la Thessalie et le pays des Dolopes, et causèrent au Basileus des Ausones — c'est-à-dire à Basile — un souci infini. On ne pouvait plus transporter dans la capitale le produit des impôts. Aucun Grec ne pouvait circuler ou entreprendre quelque voyage sans s'exposer à être tué ou réduit en esclavage. Le Basileus donc, après la terrible déroute de la Porte Trajane et bien d'autres revers, s'estimant incapable de résister davantage par les moyens humains à sa portée, rechercha un autre secours, vraiment le meilleur, le plus souverain. Il consistait dans les prières aux saints qui font les bras hauts et invincibles. »

Et, aussitôt, voici les ténèbres.

« Ici, un pénible aveu », dit notre gémissant auteur, « devient nécessaire. De toute cette seconde campagne de Bulgarie qui dut être terriblement dure et sanglante et qui dura, nous le savons depuis peu, grâce à la *Chronique* de Yahia, quatre années entières pendant lesquelles le Basileus ne semble presque pas avoir quitté la Bulgarie ; de ces quatre années de luttes acharnées, ininterrompues, nous ne savons rien ou presque rien, à peine un fait de guerre, un incident d'attaque ou de défense, à peine un nom de bataille ou de ville prise. Les Byzantins Skylitzès, Cédrénus, Zonaras plus muet encore, si possible, que ses devanciers, ont simplement ou à peu près supprimé ces quatre années de guerre. »

Un peu de patience, mon cher historien, dans quelques années vous saurez tout et vous vous étonnerez — si l'étonnement vous est possible encore — de n'avoir pas su déchiffrer ce palimpseste à peine surchargé qui était en vous-même, car nous sommes vraiment des *ressemblances* de Dieu et tout ce qui s'est accompli dans les siècles a laissé en nous son empreinte. Le dernier soupir de chaque homme est un vent violent qui ouvre ce livre où tout est écrit *.

* Cette plainte est, d'ailleurs, excessive, et révélatrice d'une véritable concupiscence d'historien, la deuxième con-

Peu curieux de ma nature et temporairement résigné à ne rien savoir de ces quatre années mystérieuses pendant lesquelles le Basileus et son armée semblent n'avoir pas quitté la Bulgarie, j'ai hâte d'arriver à la campagne de Syrie, beaucoup mieux connue. Basile avait reçu de graves nouvelles qui le décidèrent à voler subitement à l'autre extrémité de son empire. Une de ses armées avait été battue, quasi exterminée, au gué de l'Oronte, le 15 septembre 994. Alep allait être prise, Antioche même était menacée. « Accours, Basileus », écrivait au souverain de Roum l'émir d'Alep, « hâte-toi. Nous ne te demandons point de faire la guerre à Bangoutekin et aux troupes d'Égypte. Nous te prions uniquement de leur faire peur en t'avançant à notre secours. Le seul bruit de ton approche les forcera à lever

cupiscence, a dit saint Jean. « J'apporte un volume de plus de 600 pages, dans lequel je n'ai pas écrit cent lignes de hors-d'œuvre. » Ainsi parle Gustave Schlumberger dans l'Introtroduction du *Tueur de Bulgares*. N'est-ce pas merveilleux et de quoi donc ose-t-il se plaindre ?

le siège. Songe que si notre cité succombe, il en sera presque aussitôt de même d'Antioche. Une fois celle-ci abattue, Constantinople sera en grand péril. »

« Basile, capitaine consommé, se rendit si bien compte de la gravité extrême de la situation que, par une décision qui semble avoir été quasi instantanée, il résolut, malgré sa présence presque indispensable en Bulgarie, malgré la saison mauvaise commençante qui était, à cette époque, un obstacle à peu près insurmontable à la marche des troupes, de se rendre immédiatement de sa personne à Alep, à la tête d'une armée de secours. Certainement l'envoyé de l'émir lui avait exposé qu'il n'y avait pas un jour à perdre et que la famine pouvait, d'une heure à l'autre, livrer Alep aux soldats de Bangoutekin.

« Donc, abandonnant momentanément à ses lieutenants le soin de poursuivre la lutte bulgare, le Basileus, rassemblant de toutes parts ses forces avec une rapidité merveilleuse, « pareil au lion qui bondit », partit pour le Sud en plein hiver avec une puissante armée. C'était, pour l'époque, une entreprise tout à fait inouïe que de traverser ainsi, tout d'une haleine, à la tête de forces très nombreuses, au milieu de la mauvaise saison, des espaces aussi vastes que ceux qui séparent Constantinople de la haute Syrie, car il est probable que le Basileus revint en poste de Bulgarie à Constantinople et que la campagne ne commença réellement qu'à partir de cette ville... Oui, c'était une entreprise vraiment prodigieuse et il semble, par les rares détails que nous ont fournis les chroniqueurs, que Basile l'ait menée à bien, avec une habileté, une fougue, une maestria, une résolution digne des plus hauts capitaines. Si nous étions un peu moins misérablement renseignés, il est probable que la course enragée de l'empereur Basile à travers toute l'Asie Mineure, des bords de Marmara aux rives de l'Oronte, dans l'hiver de 994 à 995, pour voler au secours de l'émir d'Alep, son vassal, soutiendrait la comparaison avec les expéditions militaires les plus célèbres de l'antiquité comme des temps modernes.

« ... Il importait à tel point de se hâter, si on ne voulait arriver trop tard, que l'expédition se transforma de suite en une rapide marche de cavalerie, comme un de ces raids gigantesques auxquels nous ont accoutumés récemment les guerres d'Amérique entre armées fédérale et confédérée... 40.000 hommes à pied eussent mis plus de trois mois à franchir ces espaces. Basile tourna la difficulté par une mesure insolite qui semble avoir fait sur l'esprit des contemporains une impression profonde. *Il monta toute son armée...* C'est ainsi qu'on traversa l'Asie Mineure en seize jours. Cette chevauchée fantastique eut sa récompense. Basile arriva à l'improviste à Antioche, sans que personne se fût douté de sa venue! Il est vrai que des 40.000 cavaliers improvisés qui le suivaient au début, il n'en avait plus avec lui que 17.000, mais beaucoup de ceux demeurés en arrière devaient rallier incessamment. « Cette course », s'écrie le chroniqueur arabe, « est une chose qu'on « n'avait jamais encore vue. »

« L'effrayante nouvelle de l'arrivée du Basileus fut un coup de foudre pour le général égyptien. Ce grand Basileus de Roum qui avait franchi tout son empire au galop de son armée et qui se trouvait à quelques heures de marche, alors qu'il le croyait encore au fond de la Bulgarie, l'épouvanta et le mit en fuite instantanément. Basile dut avoir un grand dépit en voyant l'armée d'Afrique lui échapper. Mais, quand même, le but de l'expédition était pleinement atteint.

Telle fut l'éblouissante première campagne syrienne de Basile II, assombrie, trois ans plus tard, par le désastre d'Apamée, revanche cruelle des Égytiens sur le lieutenant du Basileus, Damien Dalassénos. Aboulfaradj parle de 10.000 têtes de chrétiens envoyées au Khalife. Les captifs, plus malheureux et en nombre peut-être égal, furent traînés au Kaire, vendus à l'encan et menèrent dix ans, jusqu'à la paix, une horrible vie d'esclaves...

Quand on lit l'histoire de n'importe quel peuple, l'imagination chrétienne s'épouvante en songeant aux souffrances presque infinies, à ce déluge universel de souffrances qu'il a fallu que des centaines de millions d'hommes endurassent, tout le long des siècles, pour compléter « ce qui manque à la Passion de Jésus-Christ », selon la parole effroyablement mystérieuse de saint Paul aux Colossiens !

Le coup dut être senti rudement par le Basileus et détermina bientôt sa seconde campagne en Asie, de laquelle on sait, d'ailleurs, peu de chose ; mais depuis son retour d'Alep, la guerre contre les Bulgares paraît avoir été plus intense, plus heureuse aussi et même à tel point, qu'on aurait pu, semble-t-il, prévoir déjà l'excessive humiliation de cet ennemi héréditaire. Le roi Samuel était bien l'antagoniste qu'il fallait au Tueur de Bulgares. La guerre entre ces deux chefs ne pouvait manquer d'être sans pardon. « Le monarque bulgare », dit Skylitzès, « avait le repos en exécration ». Et c'est tout, il faut deviner le reste. Mais, du moins, on peut compter sur l'opiniâtreté invincible d'un homme qui put résister si longtemps à toutes les forces d'un tel empire et au génie guerrier d'un tel empereur.

Schlumberger, qui voit surtout l'histoire en poète — instinct ou choix volontaire dont sa pénétration de critique est quelquefois décuplée — a rêvé la *supériorité* de ce barbare.

« Certes », dit-il, « ce dut être un homme de premier ordre, celui qui sut si rapidement accroître sa puissance aux dépens de son colossal voisin, au point de mettre en péril l'existence même de celui-ci ; qui sut faire si vite, de ses troupes de paysans et de montagnards indisciplinés, des armées régulières capables de lutter avec succès contre les meilleures troupes du monde à cette époque et de les vaincre en bataille rangée... Ce fut un merveilleux homme de guerre, un homme de fer, d'une bravoure parfaite, infatigable, inaccessible à la crainte comme à la fatigue ou au découragement, infiniment fertile en ressources et en ruses de cette guerre difficile entre toutes, tacticien consommé à l'égal des plus habiles capitaines. »

Eh bien ! je n'y consens pas. Ce Samuel

a été, pour moi, simplement une brute cupide et courageuse, n'ayant presque rien à perdre et tout à gagner, commandant avec une autorité infernale, concédée par les démons du moyen âge, à d'autres brutes aussi pillardes et non moins enragées, Toute sa politique et toute sa stratégie furent d'avoir les yeux constamment ouverts sur le monde grec pour profiter à l'instant même des embarras ou des fautes, comme les loups affamés se précipitent sur un voyageur qui tombe. C'était un énorme danger pour l'Empire, plus pressant même que le péril sarrasin et j'estime que Basile ne mérita pas complètement son surnom terrible, n'ayant pas conclu de ce danger à l'*extermination* COMPLÈTE, à la dépopulation irrémédiable.

Tout autre était la situation de l'Empereur de Byzance, obligé de scruter à la fois tout l'horizon, de diviser ses forces aussi bien que son attention, et cela lui faisait une apparente et, parfois, dangereuse infériorité. Samuel n'avait besoin que de persévérance, Basile avait besoin de persévérance et de génie. Dans ces conditions, la lutte devait être longue et alternativement inégale. Mais ce qui la fait paraître aujourd'hui si angoissante, après tant de siècles, c'est le *voisinage*. L'Empire grec, dans toute sa partie occidentale, pouvait être comparé à un géant ayant une panthère sur les épaules et forcé, en même temps, de faire face à plusieurs lions.

En 996, l'inondation bulgare noyait la Grèce. Un corps d'armée n'aurait pas suffi pour protéger un courrier du Basileus galopant vers Lacédémone.

« Le tsar bulgare avait, à la tête de ses bandes, franchi l'étroit défilé si beau et si poétique, si riant et si sauvage à la fois, de Tempé de Thessalie entre les deux masses gigantesques de l'Olympe et de l'Ossa, traversé le lit majestueux du Pénée au cours tranquille et lent et, maintenant, il parcourait en tous sens, brûlant, pillant et massacrant, non seulement cette belle province, mais encore la Béotie, même l'Attique, pénétrant à nouveau jusqu'aux portes du Péloponèse, à travers l'isthme de Corinthe. Toutes ces malheureuses terres de Grèce se trouvaient, encore une fois, en proie aux plus affreux ravages de cet ennemi impitoyable. C'était une calamité sans nom. On n'a qu'à jeter les yeux sur une carte pour voir quelles étendues immenses recouvrait la vague sanglante de l'invasion bulgare. »

La garnison de Thessalonique, attirée dans une embuscade, venait d'être, en grande partie, égorgée. Basile, par bonheur, avait sous la main un bon lieutenant, Nicéphore Ouranos, grand domestique d'Occident, formé à l'art de la guerre par le ressentiment d'une longue captivité. Il lui fallait du Bulgare, à celui-là. Il avait ordre de courir droit à l'armée d'invasion, et, certes, il n'avait pas besoin qu'on l'excitât. Il la suivit donc à la piste, comme un molosse très sûr, et finit par la surprendre dans la vallée du Sperchios, plus loin que Pharsale, plus loin que la chaîne sauvage de l'Othrys, au fond des gorges de la Thessalie méridionale. Elle revenait du Péloponèse et de l'Attique, après une ample dévastation, gorgée de pillage, gavée jusqu'au nœud de la gorge, gonflée, puante et pestilentielle, comme une mouche d'abattoir. Ce fut une des belles tueries d'un siècle où les tueries se donnaient pour rien. Les Bulgares, ignorant le voisinage de l'ennemi ou plutôt se croyant protégés par une crue du fleuve, ne se gardaient pas. Les Grecs trouvèrent un gué et tombèrent au milieu de la nuit sur 3o.ooo ou 4o.ooo dormeurs qu'ils égorgèrent voluptueusement. « Vingt ans après, quand le basileus Basile passa dans ces régions, allant en pèlerinage à Athènes pour y remercier la Vierge toute sainte des victoires qu'elle lui avait accordées, il contempla les os des vaincus jonchant encore de toute part la plaine funèbre qu'ils blanchissaient de leurs amas énormes. »

« Nicéphore Ouranos et son armée victorieuse ayant dépouillé leurs innombrables ennemis morts, ayant délivré les prisonniers « romains » que Samuel traînait à sa suite, et pillé le camp ennemi où ils trouvèrent un énorme butin ramené de l'Attique et du Péloponèse, reprirent allègrement la route de Salonique. Yahia dit que le *magistros* rentra à Constantinople (probablement pour y recevoir les honneurs du triomphe), ramenant à sa suite 12.000 soldats bulgares prisonniers. Il apportait aussi, bagage sinistre, 1.000 têtes de vaincus, probablement des têtes de chefs et d'officiers. Certainement, les 12.000 captifs barbares, sous leurs costumes de poil de bêtes, suivirent à pied, poudreux et las, le cortège triomphal du généralissime.

« Cette terrible déroute au pied des antiques Thermopyles, dans l'an du Seigneur 996, marque véritablement le point tournant de la fortune de l'intrépide Samuel. On a dit avec raison que cette victoire d'Ouranos, qui délivra définitivement la Grèce propre et le Péloponèse de l'incessante menace bulgare, constitue un des plus notables événements de l'histoire du peuple grec et que le valeureux lieutenant de Basile II peut passer à juste titre pour un des sauveurs de l'Hellénisme. »

Malheureusement, les deux plus belles pièces, le Tsar et son fils Romain, quoique blessés grièvement, avaient réussi à s'échapper. L'affreuse guerre devait durer vingt ans encore.

Les détails sont si peu connus qu'il faut aller tout de suite aux endroits les plus intéressants. Le travail méthodique de Schlumberger, chef-d'œuvre de patiente reconstitution, n'est pas à refaire. Voici donc, pour encourager le lecteur, l'aventure énormément effroyable des 15.000 aveugles. Cette chose arriva aussitôt après une autre grande victoire. Laissons parler notre historien :

« Basile se résolut à frapper un coup terrible pour épouvanter ses adversaires opiniâtres et précipiter d'autant la fin de la résistance. A la prise des défilés de Cimbalongou, plus de 15.000 combattants bulgares étaient tombés vivants aux mains de ses soldats. Les chroniqueurs byzantins affirment qu'il fit crever les yeux à tous ces captifs et les renvoya ainsi mutilés à leurs compatriotes pour servir d'exemple. Par un raffinement inouï, pour chaque centaine d'aveugles on laissa un *borgne*, chargé de conduire ses compagnons. Puis le Basileus expédia au tsar Samuel cette effroyable théorie. Combien de ces misérables succombèrent en chemin ? Combien arrivèrent à Prilapon ? Nul chroniqueur ne s'est occupé de nous le dire. Seulement Skylitzès et Cédrénus racontent que Samuel, déjà gravement malade, vaincu physiquement par le désastre de sa patrie, ne put supporter la vue d'une de ces colonnes de malheureux, gémissant et chancelant à chaque pas. Cette trop cruelle émotion amena une attaque d'apoplexie, rupture du cœur ou de quelque vaisseau. Le Tsar infortuné tomba à terre, inanimé, mourant. Une médication énergique le rappela à la vie pour quelques instants. Il demanda à boire de l'eau glacée et aussitôt retomba dans une syncope d'où il ne sortit plus. Il expira deux jours après. C'était bien vraiment la douleur des maux de la patrie, l'horreur de la vue de ses sujets mutilés, aux orbites sanglants, qui avaient eu raison de cet homme de fer, la plus noble personnification de la lutte pour l'indépendance nationale qu'aient vue ces sombres jours du dixième siècle*. Sa mort, qui eut lieu le 24 octobre de cette année 1014, marqua l'heure de l'agonie de son peuple.

« Nous avons peine à nous imaginer d'aussi horribles circonstances, cette épouvantable scène de torture, ces pauvres soldats bulgares arrivant liés par milliers pour subir ce supplice infâme, cette tempête de hurlements de douleur, puis ces files pleurantes d'aveugles sanglants, se donnant la main, chancelant et butant à chaque pas, puis cette confrontation dernière du roi moribond avec ces malheureux, sa mort tragique à la vue de tous ces mutilés, qu'il avait connus, quelques jours auparavant, combattants pleins de vaillance, aujourd'hui

---

* Est-il expédient de déclarer, une fois de plus, que je suis infiniment éloigné de partager l'admiration (!) de Schlumberger pour cet infâme pirate, pour ce sale brigand digne de tous les supplices, qui aurait détruit la Grèce entière avec ce qu'elle contenait de précieux pour le genre humain, si Dieu n'avait pas créé un Basile tout exprès pour l'en empêcher. Ma sympathie la plus vive est acquise, par conséquent à cet empereur, et je n'éprouve aucun besoin sentimental de la dissimuler.

misérables infirmes, condamnés à couler des jours affreux. »

Après cela, il me semble que le caractère de ce grand homme est montré suffisamment. Les guerres d'extermination que notre sensibilité d'eunuques soi-disant chrétiens fait paraître inacceptables aujourd'hui, étaient, au dixième siècle, exactement dans leur cadre et plausibles à souhait. Une Byzance de miel, sans yeux crevés ou arrachés, sans empalement, sans écorchement, sans étripement ni brûlement, sans découpage ni dépeçage, après ample lapidation d'excréments par la multitude ; cette Byzance-là serait fastidieuse et dégoûtante, pour ne rien dire de plus. Quand on est au vrai point, l'histoire des 15.000 aveugles a l'air d'une espièglerie. Combien d'autres exemples, même sous Basile II ! Encouragé par l'expérience, il avait fini par faire crever les yeux à tous les prisonniers bulgares.

Dans sa première campagne de Syrie,

l'armée était harcelée continuellement par d'innombrables groupes de Bédouins, confiants dans l'impossibilité où se trouvaient les cavaliers grecs, plus lourdement armés, de les atteindre. Basile, irrité, fit prendre par surprise une quarantaine de ces cosaques africains et les renvoya les deux mains coupées. Les Bédouins, terrifiés, ne se montrèrent plus.

Il y avait encore le supplice plus universel et, peut-être, plus redoutable, de la transplantation politique, dont voici un des exemples innombrables. La Bulgarie, presque terrassée, en était à la fin de cette guerre de quarante ans.

« Fidèle à sa constante pratique, Basile, pour rendre impossible tout soulèvement nouveau, fit transporter toute la population valide de Moglènes en état de porter les armes, en Asie, à l'autre extrémité de l'Empire « sur la frontière de Perse », dans ses nouvelles possessions de l'Aspracanie, le Vaspouraçan d'aujourd'hui. Quel exode affreux pour ces libres enfants des monts du Rhodope, si tendrement attachés à leurs vallées natales! Le restant misérable de ces infortunés fut, sur l'ordre du Basileus impitoyable, dépouillé de tout... Certainement, ici comme partout, Basile remplaça la population déportée par de nouveaux colons venus d'Asie, arméniens ou géorgiens probablement. Ces immenses chassés-croisés de peuples couvraient incessamment les routes impériales de longues théories d'infortunés voyageurs. Ils expliquent en partie l'infini mélange des races en Orient. »

Basile, pourtant, était quelque chose de plus qu'un homme de guerre. La haine de cet empereur pour les grands propriétaires est un rafraîchissement paradisiaque. Dans ses voyages à travers l'Empire, il avait reçu des plaintes infinies et identiques exposant que les biens des pauvres se trouvaient constamment accaparés ou détruits par les puissants, en conséquence de cette généreuse idée, commune à tous les riches de ce monde, que la possession de ces biens volés leur demeurait assurée, pourvu qu'ils eussent réussi par ruse, dons ou violences, à empêcher les dépossédés de déposer une plainte régulière avant l'époque de la prescription. Basile considéra cette oligarchie de voleurs plus ou moins illustres, comme une autre Bulgarie qu'il fallait abattre. Schlumberger cite quelques exemples de son impériale et très rigoureuse volonté de protéger efficacement les plus pauvres, ou tout ou moins de les venger, en châtiant les accapareurs. Il décida qu' « aucun bénéfice provenant de la prescription, fût-elle de quarante années ou même davantage, n'aurait force pour maintenir, ni dans le présent, ni dans l'avenir, les acquisitions manifestement injustes. Tout au contraire, les possesseurs d'origine, les paysans, qui en avaient été expulsés jadis par ces propriétaires de *latifundia*, seraient en droit de réclamer leur réintégration immédiate, sans être tenus à restituer le prix d'achat ni à payer aucune indemnité pour les améliorations introduites. On voit que ce Basileus avait profité des leçons du vieux Skléros. C'est ici qu'éclate bien toute la rancune séculaire de la dynastie macédonienne contre ces grands clans nobles d'Anatolie, auteurs de tant de terribles rébellions à peine vaincues. Quelques-uns, tels que les Phocas ou les Maléinos avaient réussi à détenir, depuis plus d'un siècle, des territoires aussi vastes que des provinces, dont chaque parcelle représentait une injustice.

Voici la plus fameuse de ces exécutions de grands seigneurs :

« Au retour d'une heureuse campagne en Ibérie, qui avait fort agrandi l'Empire, comme l'Empereur et l'armée traversaient la Cappadoce, les annalistes byzantins racontent que l'autocrator reçut, aux environs de la place forte de Charsianon, une hospitalité splendide dans les domaines du magistros Eustathios Maléinos, de la grande famille cappadocienne de ce nom, alliée à celle des Phocas, de ce même Eustathios Maléinos qui, en 987, avait prêté sa demeure aux autres chefs de l'armée réunis pour proclamer empereur Bardas Phocas. Cet opulent et fastueux archonte, depuis longtemps rentré en grâce, non content d'héberger son prince, fournit abondamment de vivres toute l'armée. Aussi Basile, sous le prétexte de lui témoigner sa gratitude pour ce splendide accueil et de l'en récompenser, emmena à Constantinople ce grand propriétaire terrien. Puis il l'y maintint toute sa vie et ne lui permit jamais de retourner chez lui, le gardant comme une bête en cage, le défrayant largement de toutes ses dépenses pour le consoler de la liberté et du pays natal perdus. Précurseur de Fouquet et de tant d'autres, ce malheureux Maléinos avait excité par le spectacle de son faste et de sa grandeur provinciale, la jalousie, surtout les craintes de son souverain. Certes, celui-ci était payé pour se défier de ces grands seigneurs provinciaux d'Asie... Pour couper court à toute nouvelle sédition imitée de celle d'un Bardas Skléros ou d'un Bardas Phocas, Basile se décida à faire un exemple et Maléinos, assez riche pour nourrir toute une armée, fut ainsi récompensé du brillant accueil qu'il avait fait à son souverain, par loyalisme ou par vanité... Le Basileus, d'ailleurs, avait besoin d'argent pour ses armées. Il ne se contenta pas de retenir Maléinos. A sa mort, il fit saisir tous ses biens au profit de la couronne. C'était ce que Jean Tzimiscès s'était proposé déjà pour le paraki-momène Basile qui, se voyant menacé, prit les devants en faisant empoisonner son souverain. C'est ce que fit plus tard encore le basileus Basile, dans des circonstances analogues, ne tolérant jamais, dans ses voyages à travers l'Empire, qu'un de ces grands seigneurs provinciaux pût devenir, à force de richesse, un danger pour l'État. »

Dans le même courant d'idées, il n'y eut rien de plus important que le rétablissement par Basile de l'impôt nommé *Allélengyon*, autrement dit de *garantie mutuelle*. Ce chef-d'œuvre d'impôt avait été inventé, au commencement du neuvième siècle, par Nicéphore l'Avare, d'étonnante mémoire, qui n'avait pas vu autre chose à faire pour un parfait empereur que d'appliquer tous ses sujets à la question jusqu'à ce qu'ils eussent dégorgé leur dernière pièce de monnaie. Cet « Égal des Apôtres » qui s'occupa uniquement d'amasser de l'or, comme font les milliardaires américains admirés d'un peuple immonde et qui creva hideusement sur ses richesses, comme ils crèveront à leur tour ; cette éminente ordure, cette chassie de potentat, clairvoyante à force de cupidité, avait discerné très exactement la bonne façon d'en user avec les propriétaires.

« Par cette disposition fiscale, dit Skylitzès, il était ordonné d'abord que tous ceux qui ne pourraient pas payer l'impôt de capitation, deviendraient soldats, puis encore que chacun de ces soldats forcés aurait pour répondants ses voisins imposables « les puissants », lesquels seraient tenus non seulement de fournir à chacun desdits sujets pauvres de l'Empire les armes nécessaires pour leur service militaire, plus pour chacun d'eux une prime personnelle de dix-huit sous d'or ; mais encore de se substituer à eux pour le paiement, en leur lieu et place et en leur nom, de tous les impôts accoutumés que ces indigents ne pour-

raient solder. En un mot, dans chaque dis-
trict, les citoyens les plus riches devenaient
les répondants forcés pour les plus pauvres
qui se trouvaient dans l'impossibilité de payer
leurs taxes ! »

J'ignore pourquoi Schlumberger parle
avec indignation de cette juste loi, de cette
mesure fiscale qu'il déclare odieuse, tout
en avouant que Basile était forcé d'y recourir pour soutenir la lutte formidable
d'où dépendait le sort de l'Empire. « Elle
pesait terriblement sur les riches », dit-il,
occasion de ravissement pour les écoliers
de l'Esprit-Saint qui est tout amour et
toute justice ! *Omnis dives, aut iniquus,
aut hæres iniqui*, a dit saint Jérôme.

« Cette loi terriblement vexatoire, dont le
texte précis ne nous a malheureusement pas
été conservé, devait, fatalement autant que
rapidement, amener ces deux résultats : la
ruine des riches et une animosité extrême
entre ceux-ci et la classe des pauvres. D'autre
part, il faut bien le dire, le Basileus non seu-

lement se procurait ainsi des ressources en argent et en hommes suffisantes pour l'accomplissement de ses grands desseins, mais il s'assurait encore, au détriment d'un certain nombre de grands propriétaires, d'une popularité inouïe auprès de la foule immense des pauvres et des meurt-de-faim qui, jusque-là, lui avaient été plutôt très hostiles à cause de l'implacable dureté de son administration et des impôts insupportables nécessités par un état de guerre incessant. Il est vrai qu'il s'attirait du même coup la haine des puissants, mais celle-là il pouvait mieux l'endurer. Sa politique était bien simple. Aussitôt que ceux-ci feraient mine de se refuser à payer l'*Allêlengyon*, lui n'aurait qu'à lever le doigt pour soulever contre eux les masses innombrables de pauvres qui avaient tout avantage au maintien de cette administration draconienne. »

On peut se demander ce que faisait l'Italie pendant ce temps-là. Exactement ce que faisait le Sennachérib du père Hugo. — Le roi Sennachérib fait ceci qu'il est mort. — L'Italie était morte et grouillante, comme un grand cadavre dévoré par la vermine, telle qu'on la voit encore et surtout aujourd'hui. Tellement morte que même ceux d'entre les Papes qui furent des saints — et il y en eut beaucoup plus que ne pense Schlumberger — ne purent la ressusciter.

La Rome du Dieu Unique, la Rome des pauvres, des apôtres et des martyrs semble avoir été frappée à mort au sortir des catacombes. Quelque chose d'infiniment précieux que rien n'a remplacé disparut alors et les grands docteurs qui vinrent plus tard ne donnèrent pas autant de lumière que les flambeaux vivants allumés dans les jardins de Néron. *Ut cum defecisset dies, in usum nocturni luminis urerentur*, a dit Tacite, qui ne savait vraiment pas ce qu'il disait. La glorieuse maison de Saxe, fleur du Saint-Empire, avait paru au moment d'amalgamer cette nation pourrie. En réalité les trois Otton crurent y noyer dans la boue leur toute-puissance. Le dernier de ces aimables empereurs d'Occident, Otton III, était sur le point d'épouser la porphyrogénète Zoé, nièce de Basile et sa cousine germaine, *filia ultra omnes virgines splendidissima*, comme son père avait épousé la porphyrogénète Théophano. La fiancée, en voyage vers son futur époux, venait de débarquer à Bari, apportant les dons les plus riches et les plus rares, lorsqu'elle reçut la nouvelle imprévue, terrifiante de la mort d'Otton...

Avec ce pieux et chevaleresque empereur finit le plus grand des rêves : la reconstitution en Occident, non de l'Empire de Charlemagne, mais du pur Empire romain entouré de toute la splendeur byzantine. Il voulait faire de Rome la capitale du monde, restituer à la Ville Reine toute son antique magnificence, alors qu'elle était véritablement la *Domina mundi*. Son sceau portait la représentation de Rome armée avec la légende : « *Renovatio Imperii Romani* ». Le pape Sylvestre II, l'illustre auvergnat Gerbert, l'excitait dans cette poursuite. La nouvelle de sa mort à vingt-deux ans à peine, en même temps qu'elle désolait sa fiancée, ébranla le monde, émut tous les cœurs. On devina les luttes fratricides affreuses dont elle allait devenir le signal pour l'Empire d'Occident tout entier, pour l'Italie surtout dont l'histoire, impossible à apprendre comme à raconter, représente, pendant tout le moyen âge qui dura mille ans, le désordre même de l'enfer.

« Le corps du héros couronné fut, suivant son dernier désir, pieusement rapporté à travers l'Italie soulevée, ses braves guerriers teutons faisant à son cercueil un rempart de leurs corps, par delà les Alpes glacées jusqu'à la ville impériale, jusqu'à Aix-la-Chapelle, en vieille terre d'Allemagne, où on l'ensevelit le jour de Pâques, le dimanche 5 avril. Sa dépouille ne dormit point, comme celle de son père, en cette Italie si dure, si funeste aux Ottonides. Le pape Sylvestre suivit de près dans la tombe, son empereur bien-aimé. On aperçoit encore dans les souterrains augustes des

« Grottes Vaticanes », asile fantastique de tant de grands souvenirs, l'inscription de son tombeau, unique débris de ce monument disparu. »

Les Normands n'étaient plus bien loin. Encore deux générations et ce sera fini de la domination grecque en Italie. L'histoire byzantine allait être allégée d'autant. A la fin de son long règne, le septuagénaire Basile, ayant écrasé la Bulgarie et tout dompté en Orient, s'embarquait enfin pour la réalisation d'un projet aussi vieux que toute sa race : la soumission de l'Italie méridionale et la reconquête de la Sicile, événements qui eussent modifié la face du monde. Mais il paraît que Dieu avait assez de tous les projets des hommes et le trépas quasi soudain de ce Tueur « sonna le glas de la puissance byzantine dans la péninsule ».

Venise d'autre part, depuis la chute de Ravenne, grandissait pour l'humiliation de Constantinople, mais elle grandissait

dans le simulacre d'un respect très effrayant.

« C'était », dit Rambaud, « une habitude prise
chez les doges du dixième siècle d'envoyer leurs
fils faire un voyage à Byzance ; à leur retour,
enrichis des présents de l'Empereur, décorés
du protospathariat, ils paraissaient avoir plus
de droit à succéder à leur père ; ils avaient
comme retrempé leur légitimité dans l'éternelle légitimité impériale. Le voyage à Byzance
créait même une sorte de droit d'aînesse entre
les fils d'un doge ; ce n'était pas le premier-né
qui était le premier associé à son père, mais
celui qui le premier avait vu Byzance. »

Les Croisés, vainqueurs de Constantinople, en 1204, furent amenés de Venise
à la Corne d'Or sur des vaisseaux véni-
tiens par le célèbre Dandolo. Cet irréparable doge, sans qui l'entreprise eût
certainement avorté, avait quatre-vingt-
dix ans. Comme tant d'autres avant lui, il
devait avoir *vu Byzance*, hélas ! En un
endroit, Schlumberger déclare que le dé-

membrement de l'Empire grec à la quatrième Croisade fut un des grands crimes de l'histoire * — assertion terriblement vérifiée par Mahomet II, deux siècles et demi plus tard, pour la honte et le malheur de tout l'Occident. Telle fut l'œuvre de Venise. Les tristes empereurs latins apostés par elle et qui ne se maintinrent pas soixante ans, avaient laissé aux Paléologues une Byzance fantastique à peu près sans territoire, réduite à ses vieilles murailles orthodoxes que ne gardait plus aucun Dieu et que les Ottomans eurent peu de peine à jeter par terre pour l'éternité.

Il ne serait pas équitable de congédier

---

* Cela, bien entendu, en se plaçant au *seul* point de vue de la politique chrétienne, sans parler de la destruction des œuvres d'art par les Croisés, laquelle fut des plus complètes et des plus *irréparables* qu'il y ait eu, soit qu'on remonte aux Visigoths d'Alaric, soit qu'on descende jusqu'aux Huguenots de Coligny, dont le brigandage, dix ans, semble avoir défié toute comparaison dans le passé comme dans l'avenir. Il était juste — on peut le dire en passant — que les millionnaires genevois et anglicans, naturellement admirateurs de cette brute, nous gratifiassent de sa statue, ironiquement érigée par souscription *dans le voisinage du musée du Louvre.*

le fantôme du Tueur de Bulgares sans
dire quelque chose de sa dernière expédition en Arménie et en Géorgie, peu de
temps avant sa mort, pour châtier son
vassal, le roi de Géorgie, Georges ou
Kéôrki Ier, souverain Pagratide des Aph-
kases, qui détenait injustement une partie de ses territoires. Ce Kéôrki avait une
armée redoutable et l'expédition faillit coûter cher. Les Grecs, plusieurs fois en danger, crurent mourir de froid dans le Caucase. Mais l'âme de Basile était infinie.
Les documents presque nuls nous font
seulement entrevoir l'armée impériale en
retraite, se défendant mal au milieu des
neiges contre les agressions des peuplades
farouches et pillardes acharnées à sa poursuite. On pense à 1812. Il s'agissait, dans
les deux cas, d'en finir avec le vainqueur
du monde. Plus heureux que Napoléon,
le vieil autocrator put revenir avec ses vé-
térans et triompher, une dernière fois, à
Constantinople. Il est vrai que, dans cette
expédition suprême, comme dans toutes

les autres, l'horreur surabonde. Encore une fois, laissons parler notre historien.

« Les soldats byzantins avaient, sur l'ordre de l'Empereur qui espérait ainsi venir à bout de son opiniâtre adversaire, procédé à la destruction systématique de tous les territoires du roi d'Aphkasie occupés par eux. Divisés en détachements, ils parcourent en tous les sens ces contrées infortunées, avec l'injonction rigoureuse de tout massacrer « sans épar-
« gner, ni un vieillard, ni un adolescent, ni un
« enfant, ni un jeune homme formé, ni un
« homme, ni une femme, ni absolument aucun
« être humain de quel âge qu'il fût ». Tout ce qui échapperait à la mort devait être du moins emmené en captivité. Toute la campagne devait être ravagée, incendiée. Telle était l'effroyable coutume de ces guerres orientales. L'armée byzantine détruisit ainsi entièrement 12 districts, au dire d'Arisdaguès, 24 au dire de Samuel d'Ani, en un mot toute la portion du royaume d'Aphkasie, sise au sud du Kour, c'est-à-dire toute la Géorgie « sauf la portion
« située au delà de la rivière infranchissable »,

c'est-à-dire le Kour. Cette destruction sans pitié répandit la terreur parmi ces populations rurales qui, depuis plusieurs années, jouissaient d'une paix relativement profonde. Arisdaguès nous a laissé de ces excès d'une soldatesque brutale, cette peinture saisissante malgré ses évidentes * exagérations. « Les « Byzantins », s'écrie-t-il, « crevèrent les yeux « à un nombre infini de personnes (*deux cent « mille!* ne craint pas de dire Yahia). Les « dames nobles traînées sur les places publi- « ques, la tête dépouillée de leur voile, furent « exposées, dans une honteuse nudité, à la face « du soleil. Celles qui, auparavant, pouvaient « à peine trouver assez de forces pour visiter « à pied les malades ou les lieux saints de pè- « lerinage, aujourd'hui tête et pieds nus, mar- « chaient devant leurs vainqueurs insolents, « privées de leurs parures, déshonorées, livrées « à mille sortes d'outrages. Les petits enfants « étaient partout massacrés. Chaque jour ce « terrible empereur levait encore la main pour « ajouter de nouveaux maux à ceux qui acca- « blaient ces populations infortunées. Ces con- « trées autrefois prospères, ainsi dépeuplées,

* Probables suffirait.

« demeurèrent ruinées et désertes ! » Le chroniqueur ajoute ce détail peu fait pour nous étonner que les soldats russes de l'armée impériale se montraient dans cette exécution d'une férocité extraordinaire. Il en fut de même de tous les autres mercenaires étrangers. Sempad le Connétable dit que cette dévastation méthodique de la malheureuse Géorgie dura trois mois entiers ! »

Il y eut aussi « les monceaux, les piles de têtes humaines le long de la route, pour frapper d'épouvante ceux qui les verraient », dit le chroniqueur arménien. Mais n'est-ce pas toujours la même chose depuis le Pentateuque ?

« Jamais, depuis des siècles, depuis la grande époque de Justinien, depuis les temps glorieux d'Héraclius, l'Empire d'Orient ne s'était vu aussi puissant, aussi complètement vainqueur. Le Basileus régnait sans contestation du Danube jusqu'aux extrémités du Péloponèse. En Asie, de la Colchide lointaine, des bornes de l'Arménie jusqu'à celles de la haute Syrie, toutes les populations obéissaient docilement à ses lieutenants. En Italie même, les choses, en apparence du moins, allaient encore au mieux, grâce à l'énergie des *Catépanos*. La flotte impériale était la première du monde à cette époque, la mieux commandée, la plus habilement dirigée et équipée. L'armée était admirable et avait montré, durant ce long règne, ce qu'un chef énergique pouvait exiger d'elle, comment il pouvait à son gré la jeter tour à tour sur les rives du Danube, dans les monts d'Albanie, dans les vallées du Caucase, sur les sables brûlants de Mésopotamie ou sur la rive éclatante de Phénicie. »

Or, je l'ai dit, Dieu ne voulait plus de ce mime sanglant, il lui en fallait d'autres, tout aussi couverts de sang, mais ne risquant pas d'éblouir, pour que se préparassent l'abaissement extrême et la destruction de cet empire qui avait tant désobéi au Vicaire de Jésus-Christ ! Basile (pris d'un mal subit, mourut le 15 décembre de l'an 1025. Il était âgé de soixante-huit ans.

Il en avait régné seul, « autocratique-
ment », suivant l'expression de Yahia,
presque cinquante. Son règne était le
plus long de tout l'Empire d'Orient, un
des plus longs de l'histoire. Le patriarche
lui apporta, à la dernière heure, le très
saint Chef du Précurseur conservé
pieusement dans l'église de Saint-Jean-
Baptiste de l'Hebdomon, relique insigne
transférée, après 1204, dans la Cathédrale
d'Amiens, où elle est restée jusqu'à la
Révolution. Qu'est-elle devenue maintenant? L'âme du pauvre vieux Tueur
en fut-elle consolée? Dieu le sait, mais
l'agonisant voulut, avant de mourir, placer
de ses mains tremblantes, la couronne
impériale sur la tête de son frère Constantin VIII, déjà empereur et déjà lui-
même un vieillard. Un pire choix n'était
pas possible.

« J'ai coutume », écrivait Psellus, « d'attribuer tous les événements de ce monde
à la Sagesse divine. »

C'est pour cela, très assurément, qu'ils

sont incompréhensibles. Il est hors de doute que la sagesse humaine est singulièrement déconcertée par l'impuissance caractéristique, manifeste, constitutive et capitulaire de la plupart des grands hommes à fonder n'importe quoi pouvant durer plus d'un jour.

C'est vrai qu'il y a eu de rares saints fondateurs d'Ordres qui se font encore obéir, plus ou moins, quelques siècles après leur mort. Les autres lions, devenus vieux, ont à peine la permission de mourir en paix, sous les pieds des ânes.

On peut citer aussi quelques hérésiarques fameux qui obtinrent, par privilège et prédilection diaboliques, de ne pas crever intégralement. Il est sûr que Guillaume II qui n'est pas lion, ni fils de lion, même mâtiné de chacal, obéit, chaque jour, très gentiment à Luther, enterré en 1546 et que son frère Nicolas aurait horreur de récalcitrer aux poussiéreux ossements de cette canaille de Cérulaire, oublié des saints Anges depuis neuf cents ans.

Mais, d'une manière générale, on peut dire que l'Histoire est, *en apparence,* une continuelle réitération d'avortements. D'Annibal à Napoléon, rien ne réussit, en fin de compte, à aucun grand homme, et le plus éloquent des poèmes, la dixième satire de Juvénal, devenue elle-même un lieu commun, n'a pas d'autre objet. Il n'y a guère que les bourgeois qui parviennent à se prolonger un peu dans leurs têtards, et encore cela finit par le bagne ou la banqueroute frauduleuse, dès la deuxième ou troisième génération.

Pour revenir à la « Sagesse divine » de Psellus, il est sans doute indispensable d'aller plus loin que ce rhéteur et d'accorder une prescience œcuménique dont il ne paraît pas avoir eu la moindre idée. Il est prouvé que Dieu n'a besoin du lendemain de personne et que son éternel *aujourd'hui* le satisfait. La Petitesse n'est pas moins demandée que la Grandeur dans le laboratoire des prodiges. Les successions disparates ou désespérantes s'y

opèrent indiciblement dans un mode mys-
térieux et adoré, en vue de compensations
ou de récupérations ineffables. Alors, c'est
tout simple qu'une suite d'empereurs médiocres ou abjects ait succédé, pour détruire son œuvre, à un personnage tel que
le grand Basile. Trente ans après sa mort,
en 1055, son empire était ruiné à jamais.

Parmi ceux qui liront ces lignes avec
plus ou moins de bienveillance, trouve-
rait-on un individu capable de sentir
l'étrange difficulté, pour un historien consciencieux, de faire délibérément table rase
d'un *avenir échu* depuis des centaines d'années, de supposer, par le recul de l'esprit,
l'inexistence de très grands faits historiques tels que les Croisades sans la notion
desquels il semble que nous ne pourrions
même pas penser ? Comment concevoir
une époque ou plutôt, comment se mettre
à la place des gens d'une époque où il n'y
avait pas encore eu de Croisades ?

L'Histoire, phénomène ou illusion, —
de toutes la plus incompréhensible, — est

le déroulement d'une trame d'éternité sous des yeux temporels et transitoires. On croit voir d'énormes espaces, on ne voit pas à trois pas. Mon ami, mon frère tourne le coin de la rue. Je ne le vois plus que dans ma mémoire, qui est aussi mouvante et aussi profonde que la mer. J'en suis aussi séparé que par la mort. Il est toujours, je le sais bien, sous l'œil de Dieu, mais pour moi, il est tombé dans un gouffre. Ce coin de rue, c'est n'importe quel tournant de l'Histoire.

Il y a aussi l'angoisse des cœurs magnanimes. Fils d'Adam, notre solidarité est infinie. De même que nous avons tous péché dans le premier Désobéissant, nous continuons de pécher *sans excuse* dans tous les continuateurs de la Prévarication. De sorte qu'en ce négoce admirablement universel, il n'est pas une iniquité dont nous ne soyions à la fois les créanciers et les débiteurs. *Dimitte nobis debita nostra sicut et nos dimittimus debitoribus nostris...*

Toutes les atrocités humaines, depuis le commencement, aussi bien que les plus saints actes, sont imputées avec justice à ce nouveau-né qui pleure en dormant dans son berceau. La postériorité de dix siècles, non plus que l'immensité des espaces, ne saurait constituer un alibi pour des immortels et des fils de Dieu.

L'histoire est pour moi comme une ruine où j'aurais vécu de la vie la plus intense avant qu'elle ne devînt une ruine. Sensation douloureuse et paradisiaque d'avoir mis son cœur dans des choses très anciennes qui paraissent ne plus exister.

Je visite Byzance comme Schlumberger visitait les ruines d'Ani, capitale antique des rois d'Arménie, en soutenant de mes mains faibles, au-dessus de ce grand vestige de mon âme, tout le firmament étoilé.

IV

LES PORPHYROGÉNÈTES
ZOÉ ET THÉODORA

Et maintenant, nous allons galoper trente ans vers l'écurie du Bas-Empire. Je l'ai dit, en commençant ce travail, aussitôt après le Bulgaroctone, l'Épopée byzantine est close et l'histoire du Bas-Empire devient une horreur. De Basile II au premier Comnène, bousculade, cohue de huit empereurs ou impératrices et de deux tyrans ou *apostats*, comme on disait, c'est-à-dire de deux révoltés chaussés de pourpre et assez accompagnés pour faire trembler l'Autocrator; étonnante furie d'amour de la vieille Porphyrogénète Zoé; scandale infini de l'élévation des deux Michel et leur effroyable fin; une demi-douzaine de massacres extra-

ordinaires pouvant aller chacun jusqu'à 5o.ooo morts, sans préjudice des
égorgements banals dont l'histoire de
Byzance est continuellement ornementée
pendant dix siècles ; pestes, famines, dévastations, tremblements de terre, froids
inouïs, pluies torrentielles, épidémies et
schisme mortels. Jamais il n'y eut d'époque
plus maudite.

Il ne peut plus être question d' « Épopée » ni d'Héroïsme, sinon individuel et
récompensé chiennement ainsi qu'il convient. Tout est fini. Byzance meurt, By-
sance est morte. On dirait que ce pauvre
vieil empire ne peut se remettre du successeur de son dernier grand homme.

« Constantin VIII », dit Zonaras, « avait
une vraie prédilection pour le crèvement
ou l'arrachement des yeux. Il usa sans
cesse durant son règne de cet affreux supplice pour réduire à rien une foule
d'hommes éminents. » Quand les Barbares ou les Sarrasins ravageaient une
province, cas très fréquent aussitôt après

la mort de Basile, vite ! il faisait aveugler
tel ou tel chef soupçonné d'être capable
de la défendre et *dès lors* d'aspirer au
trône. Ce vieillard imbécile dont toute la
vie n'avait été qu'un carnaval, « mourut »,
dit à son tour Psellus, « après avoir joué
chaque jour son empire aux dés », dans
les intervalles des supplices. Les trois années de cette honte furent d'autant plus
irrémédiables que, privé d'héritiers mâles, il
voulut, avant sa mort, se donner au moins
un gendre qui lui ressemblât.

La recette est précieuse, utilisable seulement, il est vrai, par les seuls maîtres
du monde. Il avait deux vieilles filles, Zoé
et Théodora, dernières branches du chêne
de Macédoine. Le patrice Romain Argyre
fut choisi pour épouser la charmante Zoé
qui n'avait que cinquante ans et l'avenir
encore d'une des plus illustres farceuses
dont l'histoire fasse mention.

Romain était marié et, dit-on, aimait sa
femme, seulement l'héroïsme avait cessé
d'être compatible avec le métier de ci-

toyen de Byzance et surtout d'ami du Basileus. Comme il paraissait balancer : « Je vous laisse le choix », lui dit le féroce moribond, « de perdre les yeux ou d'accepter ma fille et l'Empire. » Naturellement Argyre fut empereur.

Ce nouveau maître dura cinq ans et demi. Il ne fallait pas moins à cet autre gâteux pour accélérer d'une manière définitive la putréfaction. On ne lui reproche pas de cruauté, ce qui étonne, mais une vanité de Xerxès et une rapacité de proconsul. Il se crut désigné pour l'achèvement de la conquête de la Syrie, se flattant d'une stratégie supérieure à celle de Nicéphore et de Tzimiscès. Il fit horriblement massacrer une magnifique armée qu'il commandait en personne et ne dut lui-même le salut de sa misérable peau qu'au dévouement de sa garde varangienne.

Revenu piteusement à Constantinople où on présume qu'il n'osa pas triompher, il renonça décidément à la gloire des armes et s'appliqua à devenir un parfait homme de finances byzantin et un constructeur.

« Le grand basileus Justinien s'était acquis une gloire immortelle en construisant le temple de la Sagesse Divine. En conséquence Romain III décida d'élever, lui aussi, une église admirable sous le vocable de la Mère de Dieu. Ce fut la fameuse église dite de Periblepte qui n'existe plus aujourd'hui, mais qui demeura environ six siècles, parmi les plus splendides joyaux d'architecture byzantine. Travaux gigantesques. « Toute une « montagne fut éventrée », s'écrie Psellus avec emphase, « pour fournir la pierre nécessaire « aux murailles. L'art de creuser se trouva « soudain élevé à la hauteur d'une branche « de la philosophie et les ouvriers employés à « ce travail furent volontiers comparés à ceux « de Phidias, de Polygnote ou de Zeuxis ! » Cette construction devint la grande, presque l'unique affaire du Basileus. Tous ceux qui ne se montraient pas fanatiques de cette pieuse bâtisse étaient immédiatement classés parmi les ennemis du Basileus. Tous ceux qui, par courtisanerie, en parlaient avec admiration, passaient aussitôt au rang d'amis du premier degré. Rien ne semblait assez beau, assez somptueux pour le cher édifice. Le trésor impérial tout entier lui était acquis. Le grand flot d'or se déversait uniquement de ce côté. »

A cet édifice dévorant Romain adjoignit un monastère d'hommes d'un luxe extrême, monastère fameux où ce fut la coutume des empereurs de célébrer la fête insigne de la Présentation.

Malheureusement pour Romain, aucun de ses sujets byzantins ne fut aussi durement *imposé* que la fastueuse Impératrice à qui fut interdit l'accès du Trésor impérial et qui dut se contenter d'une pension annuelle strictement limitée. Tel fut le principe de mort de ce basileus. La vieille Basilissa, d'ailleurs enragée de luxure et délaissée par son impuissant époux, devint passionnément amoureuse d'un très beau jeune homme de Paphlagonie, — *flos Asiæ*, comme dit Juvénal, — faux-monnayeur de son état et frère de l'eunuque Joannès, grand chambellan, au point de l'aimer publiquement et, pour ainsi dire, jusque sous les yeux de l'Empereur nullement troublé. « J'ai entendu affirmer », dit Psellus, « que le basileus Romain feignit jusqu'à la fin d'ignorer la liaison de la Basilissa avec Michel, mais qu'en réalité il était parfaitement au courant de cette passion folle. Seulement, comme il connaissait bien le tempérament de la Basilissa, il affectait absolument de ne rien voir, préférant que Zoé n'eût qu'un seul amant, désirant surtout que sa vieille épouse pût se livrer en toute tranquillité à ses amours illicites. »

Le dénouement fut celui-ci. Ce mari complaisant, devenu tout à coup fort malade, empoisonné très probablement, mais ne mourant pas assez vite, fut noyé dans son bain et l'amant, désormais époux et empereur, se mit à régner sous le nom de Michel IV le Paphlagonien. Ce retour du nom de Michel en de telles circonstances, 167 ans après la mort de Michel III assassiné par le premier Basile, fondateur de la Maison de Macédoine, dut sonner pour quelques-uns comme le glas de cette dynastie.

Le récit de l'intronisation de Michel IV est d'une simplicité adorable. Il importait d'agir avec une extrême promptitude. Il y allait de la vie pour les deux amants, et pour plusieurs autres. L'eunuque Joannès, grand machinateur, ne perdit pas un instant.

« Le patriarche, mandé incontinent, trouva Michel l'attendant sous la robe lamée d'or, assis avec son impériale fiancée sur le trône des basileis. Elle-même, de ses mains, avait déjà placé sur le front de son amant le diadème des successeurs de Constantin, avant de prendre place à son côté dans l'attitude immobile et hiératique consacrée par les siècles. En même temps, les employés du Palais préposés aux cérémonies mortuaires, s'étaient emparés du cadavre du malheureux

Romain pour procéder à la toilette funèbre.

« S'adressant au vieux patriarche épouvanté, Zoé, lui montrant son nouveau maître, cet adolescent aux joues roses, lui ordonna de les unir, séance tenante. Lui, affreusement troublé, tremblant de peur, hésitant tout de même devant l'énormité du forfait, balbutia quelques paroles inintelligibles. Psellus dit qu'il ne parvenait pas à proférer un son. Mais l'eunuque Joannès possédait admirablement la connaissance des hommes. Sur son conseil, Zoé remit aussitôt de ses mains au prélat timoré la somme énorme de cinquante livres d'or, plus une somme équivalente pour son clergé. « Cette libéralité », dit l'excellent Lebeau, « fixa l'incertitude du prélat. » Le vieillard, ainsi convaincu, sembla revenir à lui. Il fit sur-le-champ tout ce qu'on exigeait, maria les deux meurtriers, de situation et d'âge si fantastiquement disproportionnés, appelant sur eux la bénédiction divine, et finalement couronna l'aventurier de Paphlagonie, l'ancien fabricant de fausse monnaie, le frère de l'eunuque. Il fit de cet homme de rien un basileus des Romains, la plus haute dignité du monde à cette époque avec le Pape et l'Empereur germanique. Constantinople seule pouvait voir cette chose extraordinaire : un adolescent de naissance obscure, hier encore un inconnu, assis sur le trône séculaire des basileis successeurs de Constantin, représentant de Dieu sur la terre, devenu le maître absolu d'une moitié du monde connu, par le caprice insensé de sa vieille amante, héritière de l'illustre dynastie macédonienne ! »

Immédiatement après, les grands dignitaires, vieux généraux ou magistrats, vinrent adorer l'éphèbe couronné qui, peut-être, quelques mois auparavant, leur avait donné des assiettes ou lavé les pieds. La Ville fut indifférente.

Ce nouveau basileus est une des figures historiques les plus déconcertantes. Épileptique déjà et bientôt frappé d'hydropisie, il cessa de fonctionner comme amoureux et devint un ascète, un bon empereur, même un *héros**. Malgré son

---

* A l'occasion de l'ascétisme, Schlumberger évacue, page 176, des appréciations d'un protestantisme affligeant, allant jusqu'à se prévaloir, contre ce qu'il nomme la « mo-

frère l'eunuque Joannès, qui fut un in-
dépassable scélérat, il arriva que cet aventurier, devenu si grand, voulut devenir
aussi un homme de bien et il le voulut
tellement qu'il alla, je l'ai dit, jusqu'à
l'héroïsme inclusivement.

On n'imagine rien de plus surprenant
et de plus douloureusement poignant que
ce règne de sept ans et huit mois. « Michel » dit Psellus, dans une sorte d'oraison
funèbre, « avait fait et médité de grandes
choses durant son règne. Rarement, il
lui était arrivé d'échouer dans ses entre-
prises. En toute impartialité, je suis forcé
de convenir que la somme de ses succès
dépassa de beaucoup celle de ses insuccès,
et j'estime que cet homme eut vraiment la
fin d'un juste. »

Ah! s'il eût pu jeter ses frères par-
dessus bord et s'il eût été moins constamment, moins mortellement malade, il eût

nomanie religieuse, » de sa prétendue qualité d' « enfant
du vingtième siècle », dont il pourrait être le père aussi
bien que moi. Coquetterie déplacée chez un membre de
l'Institut.

peut-être ramené l'Empire au point de la grandeur des dernières années du Bulgaroctone! Mais quelle force n'eût-il pas fallu! Tout allait mal, comme si le maître effectif, l'eunuque Joannès, espèce de monstre, étonnamment appelé « l'Orphanotrophe » — protecteur des orphelins assistés, dénomination venue d'une de ses premières charges — eût été véritablement un démon *.

---

* Le pieux Skylitzès, qui raconte le succès des méchancetés de l'eunuque, ne peut s'empêcher d'ajouter ces mots : « Les événements toutefois, témoignèrent que tout ceci déplaisait à Dieu, car à la onzième heure du saint et grand dimanche de Pâques, le 14 avril, deux jours à peine après le drame — un violent orage, accompagné d'une grêle terrible, détruisit les arbres, les vignes et les moissons. Des maisons, des églises même, furent renversées par la violence de la tempête. Le désastre des moissons fut tel que cette année 1034 fut presque stérile. Et le dimanche suivant 21 avril, vers la troisième heure de la nuit, une étoile, un météore enflammé parut au ciel, projetant une si vive lumière qu'elle éteignait, par la force de ses rayons, tous les autres astres au point que beaucoup crurent que le soleil se levait ! Et toujours le malheureux Basileus était tourmenté par sa maladie si affreusement douloureuse. Ni secours divin ni humain ne parvenait à l'arracher à ses effroyables souffrances ». — « Une étoile », dit Aboulfaradj, « tombant avec la rapidité de l'éclair, fut suivie d'une peste qui tua soixante et dix mille personnes à Bagdad. » —

Le pauvre Basileus avait beau se repentir de ses crimes et s'infliger les plus rudes pénitences, ayant renoncé à toute consolation terrestre, son funeste frère lui faisait commettre, à son insu, les pires injustices. C'est ainsi que Maniakès, le premier homme de guerre de ce temps, le vainqueur de Syracuse, fut arrêté en plein triomphe, à la veille de reconquérir toute la Sicile, ramené à Constantinople et jeté ignominieusement dans les fers pour avoir déplu à une canaille que chérissait le puissant ministre. Événement, d'ailleurs, excessivement banal dans l'histoire de Byzance. Combien d'autres iniquités !

Les temps, au surplus, étaient atroces au delà de ce qui peut-être dit et même

Skylitzès raconte encore, à l'année suivante, que les sauterelles, renaissant du sable des rives de l'Hellespont, infestèrent à nouveau le thème des Thracésiens. Après avoir exercé ainsi leurs ravages durant trois années sur toutes les rives du détroit et dans ce thème, elles allèrent mourir à Pergamon.

Je voudrais pouvoir exprimer ma tendresse pour ces journalistes du onzième siècle.

pensé. Il arriva un jour que les pirates sarrasins qui dévastaient les Cyclades et les thèmes occidentaux d'Asie ayant été capturés en très grand nombre, on les empala sur des pieux fixés de distance en distance, le long de la côte ravagée par eux, depuis Adramyttion jusqu'à Strobilos — ou Termeron de Carie — environ la distance de Lesbos à Rhodes, ce qui ne doit pas faire très loin de cent lieues.

Il y a aussi pour les amateurs d'anecdotes, l'original aimable du conte d'*Ali Baba et les quarante voleurs*. Cela vaut d'être cité.

« La ville d'Édesse faillit être prise par les Sarrasins dans une singulière surprise que racontent Skylitzès et Tchamtchian et que ce dernier écrivain place à l'an 1038. Douze d'entre leurs chefs vinrent, un jour, trouver le commandant impérial, suivis de 500 cavaliers et d'autant de chameaux, chargés chacun de deux grandes caisses, soit mille caisses en tout. C'était, disaient-ils, des présents que leur nation, dont ils n'étaient que les envoyés, adressait au Basileus pour lui rendre hommage et se le rendre favorable. Le gouverneur fit, dans Édesse, à ces étrangers voyageurs le plus aimable accueil. Il convia les chefs à un festin, mais ne les autorisa pas cependant à faire entrer dans la ville ni leurs cavaliers, ni leurs chameaux. Durant que ces sauvages invités banquetaient aux frais du Basileus, un vagabond arménien, qui comprenait l'arabe, s'en alla mendier au camp sarrasin. Tout en rôdant parmi les tentes de poil de chameau, il eut la surprise d'entendre une des caisses s'entretenir avec sa voisine et une voix en sortir qui demandait : « Où sommes nous ? » Il courut faire part de sa découverte au gouverneur qui, laissant ses convives à table, galopa au camp ennemi avec un détachement d'élite. Les cavaliers infidèles étaient allés fourrager au loin. Le chef byzantin fit aussitôt ouvrir les caisses. On trouva dans chacune un soldat tout armé. Skylitzès dit qu'il y en avait deux. Ils devaient ainsi, durant la nuit, s'emparer de la ville. A mesure qu'on ouvrait les caisses, on tuait les hommes qu'on en extrayait. A mesure aussi que les cavaliers dispersés rentraient au camp on les passait par les armes. Puis le gouverneur s'en retourna auprès des chefs qu'il trouva toujours festoyant et déjà ivres. Il fit encore égorger ceux-là, n'en épargnant qu'un qu'il renvoya après lui avoir fait couper les mains, le nez et les oreilles, pour aller rendre compte à ses compatriotes du succès de sa députation. »

On peut mentionner aussi l'innocente espièglerie du jeune khalife d'Égypte, Al-Zahir, faisant assembler dans une mosquée 2.660 jeunes filles et les faisant emmurer. Elles y périrent de faim et, durant six mois, leurs corps demeurèrent sans sépulture. Jamais, paraît-il, on n'avait tant dansé et chanté que sous le règne de ce khalife. On ne finirait pas. Mais il me semble que ces petites histoires ne sont rien auprès de ceci :

En Arménie, un certain émir, longtemps prisonnier des impériaux et enfin délivré par les Seldjoukides vainqueurs, pour se venger des souffrances de sa captivité, fit creuser une fosse de *la hauteur d'un homme*. Il la fit remplir du sang des prisonniers qu'il donnait l'ordre de massacrer. Puis il y descendit et s'y baigna « pour noyer la rage dévorante de son cœur ».

Et par-dessus tout cela, pour remplacer la Face de Dieu, le très jeune pape Benoît IX, honte des hontes, « représentant le plus effroyable de cette époque effroyable ».

En 1040, le misérable Paphlagonien, Michel IV, cinquante-cinquième empereur depuis Constantin le Grand, touchait à la fin de sa misérable vie.

« ... Toute sa pensée se concentrait sur les moyens propres à inspirer quelque pitié à son patron préféré, saint Démétrius, le grand saint militaire, protecteur de Salonique. Aussi faisait-il habituellement son séjour dans cette ville et dans l'église même du mégalomartyr, aujourd'hui Kassimyeh Djami, où s'élevait et s'élève encore le tombeau de celui-ci, but

incessant d'une immense et séculaire dévotion... Le pauvre homme ne quittait presque
plus la tombe du saint, du glorieux callinique,
ainsi que les Byzantins aimaient à l'appeler
en souvenir des innombrables victoires que
son intervention avait values aux armées impériales depuis tant de siècles. Couché tout
le long du tombeau fameux dans l'ombre
humide de la vieille église, ce basileus étrange
passait là de longues nuits en prières ar-
dentes, en oraisons perpétuelles, cherchant
vainement le sommeil qui le fuyait, suppliant
à haute voix le saint de lui envoyer la gué-
rison.

« Quel drame! Il y a quelques années, je
visitais Salonique. J'entrai dans cette véné-
rable mosquée Kassimyeh où la tolérance musulmane permet encore aux fidèles orthodoxes
d'aller prier au tombeau du grand saint Démétrius, dont c'était là l'église splendide et
célèbre, aujourd'hui ruinée, et d'y recueillir le
baume qui suinte du saint corps enterré depuis tant de siècles. Comme je parcourais la
sombre église, il me sembla revoir auprès de
cette tombe sordide, maintenant dépouillée de
ses ornements magnifiques, l'impérial pénitent

d'il y a bientôt neuf siècles, le Paphlagonien hagard, tremblant de fièvre, défiguré par le mal terrible, couché dans les misérables haillons de quelque ascète, implorant de sa voix très humble la pitié du saint guerrier, implorant surtout le pardon de son crime, et je me disais avec stupeur que ce suppliant pitoyable ainsi prosterné était le Basileus d'Orient, le successeur de Constantin, le maître tout-puissant d'une moitié du monde, le basileus Michel couronné de Dieu, l'égal de Dieu sur la terre. »

L'eunuque, naturellement, profitait de cette impuissance. Il n'y eut aucune action méchante que celui-ci n'accomplit pour tourmenter et accabler les sujets de l'Empire, disent les chroniqueurs. Voici la fin qui est inouïe.

Je ne sais rien d'aussi extraordinaire que la campagne de Bulgarie et l'écrasement de la sédition redoutable des Bulgares par ce moribond.

« A la première nouvelle de ce dangereux soulèvement », racontent Psellus et Zonaras,

« Michel déclara qu'à tout prix, il marcherait à la tête de ses troupes. « Il serait inique », répétait-il, « que celui qui n'a apporté jusqu'ici « aucun agrandissement à l'Empire vînt, au « contraire, à en perdre une parcelle. » Vainement on le supplia de renoncer à son projet. Cette douloureuse agitation augmenta encore son mal. Il enfla prodigieusement. Remédiant à sa faiblesse physique par son énergie morale, il fit lui-même ses derniers préparatifs. A la tête de l'élite de ses troupes commandées par une élite d'officiers, il quitta Salonique par un incroyable effort de volonté et marcha droit aux Bulgares.

« ... La Bulgarie était pacifiée, écrasée une fois de plus. Dans cette année 1041, nous ne savons à quelle date exactement, la foule constantinopolitaine acclama, dans la Ville gardée de Dieu, l'entrée triomphale de ce victorieux basileus mourant qui voulait expirer debout. Michel le Paphlagonien ramenait derrière son blanc coursier une multitude de prisonniers bulgares, les plus illustres boliades.

« Psellus raconte qu'il vit de ses yeux cette entrée extraordinaire. Il vit passer le malheureux prince sur son cheval. Il semblait un

cadavre. Ses mains démesurément enflées,
avaient peine à tenir les rênes. Ses traits
étaient à tel point défigurés par l'œdème, qu'il
en était méconnaissable. « Il montra ainsi aux
« Romains », s'écrie le rhéteur, « que l'amour
« de la patrie peut ressusciter les morts et
« que le zèle pour les grandes actions peut
« triompher de la plus extrême débilité phy-
« sique. » On porta au Palais le pauvre souverain défaillant.

« Le 10 décembre 1041 qui devait être son
dernier jour, abandonnant ses appartements
du Palais sacré, Michel se fit transporter à
son cher monastère des Saints-Anargyres qu'il
avait fondé et demanda, pour mourir en paix,
l'habit monastique... Usage et ressource dernière des empereurs ou des grands criminels
byzantins, pendant mille ans. Bientôt, comme
il était temps pour le nouveau religieux d'aller
prier et chanter à la chapelle du couvent avec
les moines ses frères, le pauvre homme se
leva doucement de sa couche, demandant à
chausser les sandales grossières de son nouvel
état, mais celles-ci n'étaient pas encore prêtes.
Désolé de ce retard, plutôt que de remettre
les rouges *campagia* ou bottines de pourpre,

insigne de ce qu'il avait été sur terre, le néophyte voulut se rendre nu-pieds à l'église. Il avançait péniblement, soutenu des deux côtés sous les bras, respirant à peine, déjà presque agonisant. Ses forces lui ayant fait défaut, il dut en hâte regagner son lit, ayant perdu la voix et le souffle. Il demeura quelque temps inerte et silencieux, puis rendit l'âme. »

Passons à Michel V, dit le Kalaphate ou Calfat de son ancien métier. Aucune consolation à espérer de celui-là. Tout le temps que dura son règne de quatre mois, la terre trembla, raconte Skylitzès. Son élévation fut un escamotage. Zoé, devenue sexagénaire et veuve pour la deuxième fois, ne songeait pas encore à un troisième mariage. L'eunuque déterminé à garder le pouvoir, avait imaginé, voyant venir la mort de Michel, de faire adopter par la Basilissa, légitime héritière de la maison de Macédoine, un exécrable chenapan du plus bas étage, son propre neveu, qu'il croyait incapable d'indépendance. Il fut immédiatement payé de sa clairvoyance et de son bienfait. L'un des premiers actes du nouveau souverain fut le renversement et l'exil ignominieux de l'Orphanotrophe. Nul ne pleura ce ministre exécré de tout l'Empire pour ses exactions. Haine instinctive de l'impôt, clef banale de toutes les histoires de révolutions.

Le mal, jusqu'alors, n'était pas grand et le calfat aurait pu se cramponner. Le peuple de Byzance, habitué déjà aux empereurs de contrebande, aurait supporté cette ignominie. On lui aurait pardonné encore d'avoir fait émasculer presque tous ceux qui tenaient à lui par les liens du sang. « Beaucoup de ceux-ci étaient des hommes mariés, ayant barbe au menton, même déjà des pères de famille respectables ! » Malheureusement pour lui il voulut se débarrasser aussi de sa mère adoptive, la vieille Basilissa, gaffe colossale qui déchaîna l'une des plus énormes fureurs populaires qu'on ait jamais vues. On est exactement documenté sur cet événement

dont le grand historien Psellus fut le témoin oculaire. Il y en a peu d'aussi tra-
giques.

Tout le peuple de la capitale se précipita sur le Palais pour égorger le Basileus
et son oncle Constantin le nobilissime qui
s'efforçait en vain de donner du courage
à cet avorton, lui rappelant la parole célèbre de Denys le Tyran « qu'un monarque, pour descendre du trône, doit
attendre qu'on le traîne par les pieds ».

Vainement ces deux hommes au désespoir montrèrent au peuple la vieille Zoé
ramenée en toute hâte. Il était trop tard.
On avait déjà été chercher dans son cloître
sa sœur Théodora, l'autre Porphyrogénète, héritière aussi bien qu'elle-même de
la couronne du grand Basile et on l'avait
proclamée à grands cris. Car c'était une
rage de légitimité qui remuait cette multitude.

Après une lutte acharnée de cinquante
ou soixante heures qui coûta, dit-on,
la vie à 3.000 citoyens, les émeutiers

l'emportèrent. Le Basileus et le nobilissime traînés hors d'un sanctuaire où ils avaient espéré trouver un refuge, subirent leur destin. Théodora avait donné l'ordre de leur arracher les yeux. Tel fut le dénouement de cet affreux règne.

« Les victimes amenées sur la place du Sigma, on fit aiguiser les fers. « Quand l'oncle « et le neveu virent qu'il n'y avait plus d'es- « poir », dit Psellus, « une partie du public étant « contre eux, les autres laissant faire, ils pen- « sèrent rendre l'âme de peur, demeurant sans « voix. Un sénateur qui se trouvait là, s'ef- « força par de bonnes paroles de leur rendre « quelque courage. » Psellus qui avait suivi le tumultueux cortège, assista à la fin du drame. Le Basileus eut une attitude infiniment piteuse, gémissant, se lamentant, invoquant tous ceux qui l'approchaient, suppliant humblement Dieu de ses mains jointes, les étendant vers toutes les églises, vers tout ce qu'il apercevait. Skylitzès dit qu'il supplia lâchement qu'on aveuglât d'abord son oncle, suivant lui, le seul coupable. Le nobilissime, au contraire,

après avoir, lui aussi, montré quelque pusilla-
nimité, se ressaisit complètement. D'âme autrement virile que son neveu, il sembla prendre
bravement son parti du sort qui l'attendait. A
l'approche des bourreaux, il s'offrit de lui-
même. Comme la foule avide de contempler
son supplice, l'étouffait presque, ne laissant
aucun espace libre, il s'adressa d'une voix
ferme à l'officier qui commandait : « Fais
« donc reculer tout ce monde », lui dit-il, « et tu
« verras que je saurai subir mon sort avec courage », puis, comme on allait lui lier les mains,
il refusa, disant au bourreau : « Si je bouge,
« tu seras libre de m'attacher au poteau. » Ensuite il s'étendit de lui-même sur le sol, sans
pâlir, sans un cri ou un gémissement, immobile comme un mort. On lui arracha les deux
yeux durant que Michel haletant d'angoisse,
battait l'air de ses mains, déchirant son visage,
se lamentant à haute voix, emplissant l'air de
ses cris.

« Quand l'horrible mutilation fut achevée,
le nobilissime, se levant de terre, sans l'aide
de personne, montrant à tous ses orbites
vides ruisselantes de sang, soutenu par quelques fidèles, s'entretint avec eux dans un

calme si surprenant. un courage tellement
surhumain, qu'il semblait indifférent. Puis,
ce fut le tour du Basileus. Celui-ci montrait
un tel désespoir, il adressait au ciel des prières
si éperdues que le bourreau craignant qu'il ne
se débattît, dut le lier fortement. Alors tout
fut accompli ! »

Me voilà presque sans force pour continuer. Constantin IX Monomaque est par
trop décourageant. Je ne sais pas même
si je ne lui préfèrerais pas le voyou qui
vient d'être mentionné. Les élégances de
ce grand seigneur byzantin me le font
paraître plus détestable.

On avait Zoé et Théodora, deux vieilles
femmes qui se haïssaient sur le même
trône. Cela parut bientôt intolérable. On
désira un empereur. Théodora rejetait obstinément toute idée matrimoniale, ayant,
d'ailleurs, depuis longtemps, cessé d'être
mariable, fût-ce à des « éléphants noirs ».
Sa sœur, quoique plus âgée, avait encore,
semblait-il, un peu de ragoût. Psellus est

revenu plusieurs fois sur le portrait de
cette femme dont la beauté fut fameuse.
« A ne considérer », dit-il, « que la parfaite
harmonie de toute sa personne, celui qui
n'aurait pas connu son âge véritable aurait
presque pu la prendre pour une jeune fille.
Ses chairs avaient conservé toute leur fer-
meté ; tout était bien plein et poli chez
elle ; on n'apercevait ni une ride ni un
contour altéré... ». « C'était cette blonde
sultane, aux grands yeux, aux sourcils me-
naçants », ajoute M. Rambaud, « qui dis-
posait de l'Empire. »

Malgré ses soixante-deux ans, il faut
croire qu'elle n'était pas encore tout à fait
éteinte, car elle flamba, au moins une minute, pour le beau Monomaque dont les
grandes dames de Byzance étaient amoureuses. Du vivant de son premier mari, elle
passait pour avoir beaucoup remarqué ce
personnage qu'on voyait déjà succéder à
Romain III. Aussi, à l'avènement de Michel IV, fut-il, sous prétexte de complot,
interné dans l'île de Lesbos où il passa

sept années. Tel fut le choix de Zoé.
Les historiens sont unanimes à le représenter comme un jouisseur sans caractère,
éminemment frivole, qui ne vit dans le
métier d'empereur qu'une merveilleuse occasion de faire la noce. Pendant douze ans,
ce fut une ribote à peu près ininterrompue
et ce règne relativement long mériterait à
peine qu'on en parlât, si on pouvait passer sous silence un homme tel que Maniakès déjà nommé et s'il n'y avait pas l'immense catastrophe du schisme de Cérulaire.

Que nous importe la ravissante Sklé-
réna, mangeuse du Trésor public, la Pom-
padour ou la Dubarry de ce Louis XV
anticipé ? Qu'importent les complaisances
ou les tolérances de Zoé pour cette basilissa de la main gauche, gracieusetés payées
des cadeaux les plus ingénieux et les plus
riches dont la favorite l'accablait ? Zoé,
calmée enfin par les ans, n'éprouvait plus
aucune souffrance de jalousie. Quant à
Théodora, non moins adulée, elle était

bien plus éloignée d'en vouloir à la séduisante créature.

Psellus est curieux à consulter sur cette vieille Zoé dont tous les actes peuvent se résumer en trois mots : luxure, parfums et piété, ce qui donne à peu près le type de la femme du monde, bourgeoise ou duchesse, au vingtième siècle. Elle avait fini par transformer sa chambre à coucher en un laboratoire de parfumerie où s'agitaient, autour d'un grand feu, des femmes de service perpétuellement occupées à broyer, piler ou mélanger des onguents, des baumes de toute espèce... Tout ce qu'elle fabriquait de la sorte, toutes ses recettes les plus précieuses étaient du reste uniquement consacrées aux besoins du service religieux dans les églises, car elle était infiniment dévote. Comme elle ne s'occupait pas d'autre chose que de cette fabrication pieuse, le Basileus avait tout loisir pour vaquer à ses amourettes. La *religion* de la Basilissa a suggéré à Psellus quelques lignes idiotes, qu'il est indispensable de citer. « Elle a surpassé », dit-il, « dans son amour pour Dieu, toutes les femmes et tous les hommes de son temps. (Ce ne devait pas être difficile, surtout à Byzance.) Dieu l'en a récompensée en la faisant atteindre jusqu'aux régions les plus sublimes de la lumière spirituelle la plus pure. » Cette affirmation n'étonnera que quelques sacristains occidentaux. L'assassinat et l'adultère avaient si bien préparé la basilissa !

Je suis impatient d'arriver à Maniakés, soldat de fortune absolument héroïque et qui serait devenu empereur s'il était resté quelque chose de la bénédiction divine sur ce détestable empire. Pour ne rappeler qu'un seul fait de guerre, la conquête de la grande ville d'Édesse par cet aventurier sublime à la tête de 400 hommes, suivie de sa défense victorieuse contre toutes les forces musulmanes de la Syrie et de la Mésopotamie, démonte l'imagination. Cela se passait sous Romain Argyre qui eut la bonté de ne pas lui faire crever les yeux.

Sous Michel IV, il fut moins heureux. Ses magnifiques succès en Sicile furent payés de la disgrâce et de la prison. Rendu à la liberté par le Kalaphate qui l'avait nommé magistrat et *calépano* des thèmes d'Italie — le fou furieux réparant ainsi l'injustice atroce d'un sage, — puis disgracié de nouveau par Monomaque, odieusement et *imprudemment* maltraité dans ses biens, outragé dans la personne de sa femme, nous allons le voir s'avancer comme une tempête sur Constantinople. Les historiens parlent du caractère tout à fait prodigieux de ce prétendant au trône. Citons encore Psellus, témoin constant des événements les plus considérables de cette époque.

« J'ai vu de près cet homme révoqué de son commandement d'une manière si infâme et je l'ai admiré. La nature lui avait prodigué tous les dons nécessaires à un chef militaire. Il était haut de dix pieds. Il fallait lever les yeux d'en bas pour le contempler, tant il était de taille élevée. Il avait l'expression terrible, le regard effrayant. Quand il parlait, il semblait que la foudre éclatât. Ses mains étaient faites pour jeter à bas des murailles. Il avait l'impétuosité du lion. Tout le reste était à l'avenant. Sa réputation dépassait encore la réalité. Il n'y avait pas un barbare qui ne tremblât au nom de cet homme, les uns pour l'avoir vu, les autres pour en avoir entendu parler... »

Sa réputation de héros d'une bravoure infinie était telle qu'une foule de gens de tout âge et de toutes conditions venaient demander à servir sous lui. Heureusement débarqué à Dyrrachium avec des troupes fidèles et nombreuses, espérant bien en recruter d'autres le long de la route, il se mit en marche, à travers la sauvage Macédoine, sur la capitale du monde. Ce fut dans l'Empire un immense émoi. Partout on le croyait déjà basileus. Il ne le devint pas, parce qu'on ne sait pas ce que Dieu veut et que les choses qui semblent justes et désirables n'arrivent presque jamais.

Les larmes que cette déception immémoriale a fait couler porteraient toutes les flottes de l'Espérance et de la Douleur terrestres,

Cet Alexandre, plus heureux tout de même que l'autre qui était mort dans un lit bourgeois à Babylone, périt d'un coup de lance en pleine bataille, au moment où il écrasait la dernière armée de Monomaque. Héros ou demi-dieu capable de ressusciter l'empire de Justinien, s'évanouissant pour céder la place à un imbécile fangeux ! La tête exsangue de ce grand homme fut clouée sur la plus haute terrasse de l'Hippodrome.

Toutefois, il ne fut pas permis au triste sire de croupir en paix. De cette manière au moins s'accomplirait un semblant de justice, en attendant celle qui n'est pas d'ici. A peine cinq ans plus tard, éclatait la révolte fameuse de Tornikios. Ah ! ce n'était pas aussi beau ! Cependant, jamais empereur ne fut aussi près de sa ruine que Monomaque en cette occasion. L'immonde paillard fut, cette fois encore et plus inexplicablement, protégé. Il y eut un moment où le prétendant nouveau dont le crétinisme ne sera jamais surpassé, n'avait qu'à entrer dans Constantinople avec son armée. Une peur immense lui en avait ouvert les portes et Monomaque eût pu être empalé le même jour. Il attendit stupidement qu'on vînt le chercher en triomphe, comme eût pu faire un Bourbon du dernier siècle. On creva les yeux à cet aveugle et il devint on ne sait quoi.

Monomaque put respirer et soigner sa goutte en contemplant, d'une âme pacifiée, les dernières abominations de son règne. Il y avait eu déjà une formidable invasion des Russes aisément dissipée par le feu grégeois, et on avait vu un chapelet de plusieurs milliers de leurs mains coupées sur le rempart de Constantinople. Il y eut, plus tard, quand on commençait à oublier Maniakès et Tornikios, un spectacle plus beau. Ce fut la ruine d'Erzeroum la grande, aux 800 églises, que l'Empire avait le devoir de protéger. Les Turcs égorgèrent là 150.000 chrétiens, brûlèrent la ville et emmenèrent plus de 100.000 captifs. Il fallut plus de 10.000 charrettes pour emporter le butin. Pour finir, le Sultan exigea de l'Empereur, cinquante ans à peine avant la première Croisade, la construction d'une mosquée à Constantinople et il fut obéi...

Combien d'autres distractions ! Jamais un règne ne fut plus amusant. Quand on ne massacrait pas en Arménie, on coupait en morceaux sur le Danube. Aucun moyen de s'ennuyer. Un jour, il y eut ce poème de 15.000 cavaliers barbares passant le Bosphore à la nage. On peut concevoir le ravissement et la colique de Monomaque voyant cela de son palais. Mais le plus intéressant endroit de ce règne est assurément le schisme de Cérulaire. Ici, je demande humblement à Schlumberger de vouloir bien m'éclairer sur le point que voici :

Après avoir dit et redit, page 458, que

Michel Kéroularios était un homme « d'une haute valeur morale », après avoir proclamé « la noblesse connue de son caractère », il lui reproche nettement d'être un scélérat complet, l'accusant, çà et là, d'impiété, de perfidie, de faux, d'assassinat ou d'instigation à l'assassinat, enfin et surtout de rébellion. Une si parfaite contradiction ne me paraît explicable que d'une manière. Schlumberger prête sa valeur morale personnelle à Kéroularios et celui-ci, en retour, le régale du miel de son schisme. Il en est alors de ce patriarche comme de Luther, de Calvin, ou de n'importe quel autre hérésiarque, dont la hideur morale est connue de tous les hommes instruits, mais qui ont arraché à l'Église des millions d'âmes pour les livrer au Démon, ce qui efface tous les péchés. Puis, enfin, ce très digne successeur de l'épouvantable Photius a vaincu. Par lui, des générations de peuples, depuis neuf siècles, ont été retranchées de la communion apostolique. C'est bien quelque chose.

Ce schisme démoniaque, un basileus résolu tel qu'eût été Maniakès, ayant, à défaut de piété, le sens intime de la fonction impériale qui manquait totalement à Monomaque, aurait pu aisément le faire disparaître, de même que Charles-Quint aurait eu le pouvoir, comme il avait le *devoir* de frapper Luther, à la manière de la foudre, en s'y prenant assez tôt. Mais il aurait fallu que l'un et l'autre empereur eussent été de ces despotes bienfaisants qui pourraient sauver le monde et que les malheureux hommes espèrent toujours, sans les voir jamais venir.

On peut dire que le misérable Constantin IX, dit Monomaque, acheva son règne par la permission de Cérulaire que son insolence jamais châtiée avait fini par rendre tout-puissant, et qui daigna le laisser crever de ses vieilles noces. Dieu me préserve de m'attarder sur des faits si malproprement douloureux et si éloignés déjà de l'Épopée byzantine ! La dynastie de Macédoine, d'ailleurs, est à sa fin ; Zoé est morte dans sa piété, dans ses ordures et dans ses parfums. L'antique Théodora règne et meurt à son tour, environ deux ans après Monomaque, ayant associé à l'empire un stupide vieillard, Michel VI, dit Stratiotique, mais appelé communément « le Vieux », qu'on fit dégringoler avec douceur, douze mois plus tard, après avoir matelassé les marches du trône.

« Le dernier jour du mois d'août 1057, Isaac, premier basileus de la glorieuse dynastie des Comnènes, qui devait gouverner l'Empire jusqu'à l'extrême fin du siècle suivant, fit son entrée dans la Ville gardée de Dieu, reine des villes. Un thriambe solennel l'accompagna jusqu'au Palais. Le lendemain 1er septembre, jour de l'an à Byzance, il fut solennellement couronné par le patriarche au-devant de l'ambon dans Sainte-Sophie, la grande église. Il reçut le diadème et fut proclamé basileus et autokrator des Romains. La couronne impériale passait de la portion européenne à la portion asiatique de l'Empire. C'était le triomphe de l'élément militaire sur l'aristocratie sénatoriale et la bureaucratie civile. »

« La glorieuse dynastie macédonienne, vieille de presque deux siècles, faisait place à celle des Comnènes, puis des Anges, que les Croisés francs devaient renverser un jour. »

Un dernier mot pour me faire pardonner mes impertinences.

Tout le monde est de l'Institut. Seul, Gustave Schlumberger est auteur de l'*Épopée Byzantine*.

TABLE

TABLE

BIBLIOTHÈQUE UNIVERSITAIRE R.F. LÉPHÉRÈS

4311. — Tours, imprimerie E. ARRAULT ET Cⁱᵉ.

www.ingramcontent.com/pod-product-compliance
Ingram Content Group UK Ltd.
Pitfield, Milton Keynes, MK11 3LW, UK
UKHW021510090726
13657UKWH00001B/144